« La réalité est dure. Elle peut être cruelle et laide. Pourtant, peu importe combien nous nous plaignons de notre environnement et des circonstances, rien ne changera. Ce qui est important, ce n'est pas d'être vaincu, mais d'aller de l'avant avec courage. Si nous faisons cela, un chemin s'ouvre devant nous. »

Daisaku IKEDA

« Plus l'imagination est forte, moins ses résultats sont imaginaires. »

Rabindranath TAGORE

Prologue

« La pure et fine Blanche Neige,
empreinte de soleils et de lunes,
n'a pas pu voir les hommes
emportés par le vent.
Cette fée de l'hiver
n'a pas senti l'odeur de la guerre.
Elle n'a pas eu le moment de réfléchir.
Mais elle sait que son cœur, pur et jeune,
est rempli de rêves et de rimes
qu'elle n'a pas encore exprimés. »

Chloe Douglas

Au début, rien.

Uniquement du blanc.

Le blanc du papier.

Pas de mots, pas de lettres.

Juste l'imagination de quelqu'un prêt à soulever une partie du voile. Et derrière ce voile… une main.

La main de quelqu'un bien décidé à tourner la page pour vivre enfin son grand voyage. Mais pas n'importe quel voyage. Un voyage de l'esprit.

Un voyage intérieur.

Elle

« Un fil rouge invisible relie ceux qui sont destinés à se rencontrer et ce, indépendamment du temps, de l'endroit ou des circonstances.

Le fil peut s'étirer ou s'emmêler, mais il ne cassera jamais. »

Légende chinoise

J'ouvre les yeux.

Un froid glacial comprime mes poumons. Ma poitrine est prise en étau. Je ne réalise que plus tard que je suis à demi-vêtue dans la neige, au milieu de nulle part. Qu'est-ce que je fais là ? Qu'est-ce qu'il s'est passé ? Impossible de m'en souvenir. Me poser ces questions me vrille le tympan et obscurcit mes pensées. Ne surtout pas refermer les yeux.

Tenir.

Tenir quoi qu'il arrive.

J'essaye de me relever. Impossible. Mon corps refuse de m'obéir. Je bouge alors légèrement la tête, à droite puis à gauche.

Rien.

Me suis-je égarée ? Me suis-je évanouie, perdue par une tempête ? Qu'est-ce que je cherchais à fuir ? Ou à retrouver ?

Mon cœur ralentit. Je dois absolument faire quelque chose. Bouger les mains. Ma main droite apparaît au bout de quelques secondes dans mon champ de vision. Je ne la reconnais plus. Elle est craquelée et bleuie par le gel. Aura-t-elle encore la force de me soulever ? Me permettra-t-elle au moins de ramper jusqu'à ce tamis qui surplombe l'espace à quelques mètres au-dessus de moi ?

Je tente de me retourner pour me mettre sur le ventre. L'effort me paraît titanesque. En avalant une goulée d'air, je sens la morsure du froid pénétrer mes os. Plus que trois mètres.

Je rampe comme une forcenée, avec toute l'énergie du désespoir. J'aimerais bouger davantage mais mes jambes ne m'obéissent toujours pas. Je hurle pour me donner du courage. Plus que deux mètres.

Dans deux mètres, je saurai. Je saurai ce qu'il y a après ce talus.

J'entends une détonation. Qu'est-ce que c'était ? D'où cela venait-il ? Était-ce un tronc d'arbre qui chutait ? Ou le tonnerre ? Mes poings, par tous les moyens, tentent de saisir l'extrémité d'une pierre pour me tracter plus haut, mais je ne rencontre que la neige. Cette dernière ralentit ma montée et cette cime, qui est juste devant moi, m'empêche de voir le paysage qui se niche derrière. Mes forces diminuent. Plus qu'un mètre.

J'essaye de ne pas céder à la panique. Ma vue se brouille et mes mains ne me tiennent plus. J'use de mes avant-bras, de mes orteils et de mes dernières forces pour gagner quelques centimètres. Dans un râle, la bouche ouverte, je manque de manger la terre et de m'étouffer. Ma respiration aussi me lâche. Il ne me reste plus, pourtant, que quelques centimètres pour savoir ce qu'il y a de l'autre côté…

Exténuée, je me repose et m'immobilise quelques instants mais je crains que cette halte ne me fige pour de bon. Je ne vois presque plus rien… si ce n'est ce blanc que brouillent mes larmes et cette terre, incrustée dans cette neige, que mes yeux ont tenté péniblement d'affronter.

Ne pas rester là au risque de se laisser engourdir. Bouger, même un tout petit peu. Encore quelques centimètres. Je frictionne mes deux mains et utilise mon menton, mes coudes, mes genoux, tout ce qu'il me reste de volonté pour traîner ma vieille carcasse qui refuse d'avancer. Je gagne un centimètre ou deux.

Puis je sens quelques brins d'herbe s'éparpiller çà et là, selon le rythme du vent. Au loin, en filigrane, des figures géométriques, mouvantes et floues, se mêlent au ciel et à l'horizon. Que cela peut-il bien être ? Je laisse mes yeux s'habituer à ces volutes vaporeuses montant tranquillement vers les nuages.

Un feu !

Cette vision me donne un ultime sursaut me faisant croire un court instant qu'un espoir, même infime, reste possible. Dans un effort surhumain, je me sers d'un renfoncement dans lequel je sens calé le bout de mes pieds pour mieux lever le haut de mon corps. Avec ce qu'il me reste de genoux en guise d'appui, je tente de me stabiliser et, hagarde, finis enfin par voir deux ou trois huttes en contrebas.

Je crie comme une damnée pour qu'une personne, n'importe qui, vienne me chercher et secourir. Rien ne sort de ma bouche. Je tente encore en mobilisant de plus belle mes ultimes ressources. Rien. Juste un souffle. Mon dernier sans doute.

Je m'écroule à même le sol.

Lui

« La vie est une chute d'eau, nous suivons le courant et finissons toujours par tomber. »

Maxime Leterrier

Et un de plus.

Toujours la même recette.

Toujours cette même joie de conclure les nouvelles aventures de son héroïne.

Après de longues et pénibles nuits blanches à tenter de trouver une fin qui soit satisfaisante, il était enfin parvenu à une conclusion qui allait faire exploser l'applaudimètre. Elle allait surprendre, c'était évident. Non seulement son héroïne, celle qu'il avait façonnée sur plusieurs tomes et qui avait tenu en haleine des millions de gens, allait mourir… mais elle allait mourir de la plus horrible et mémorable des manières !

Toujours bon pour le buzz et le compte en banque.

Hector Coiviel finissait son vingtième roman. Il s'était fait un nom dans les romans *feel-good*, des œuvres qui lorgnaient fort vers l'univers du coaching et du développement personnel. Et ses dernières œuvres, depuis cinq ans, étaient attendues comme un enfant attend le père Noël ! Il était donc heureux de pouvoir terminer à temps une nouvelle histoire. Ce ne pourrait être qu'un nouveau best-seller, un succès assuré que ses adoratrices, de plus en plus dévouées, dévoreraient en quelques jours.

Sa recette artistique était plutôt bien rodée. Dans chacune de ses œuvres, il glissait une pincée d'exotisme pour faire voyager ses lectrices. Il mettait en scène des personnages attachants, avec juste ce qu'il fallait d'original pour s'évader… sans oublier un zeste de jolis défauts. Il leur collait ensuite un événement tragique à un moment charnière qui les empêchait de réaliser leur rêve… Et un changement de mode de vie finissait tôt ou tard par se dessiner. Cette prise de conscience permettait à chaque fois à ses personnages de se poser les seules et uniques questions qui en valaient la peine : Qu'est-ce que j'ai fait de ma vie ? Le bonheur que j'ai construit est-il dicté par mes rêves, ceux que j'avais enfant ou adolescent, ou bien m'a-t-il été imposé plus ou moins consciemment par des figures devant lesquelles je ne me reconnais plus ? Qu'ai-je fait pour ne pas concrétiser mes idéaux ? Derrière quelles excuses ou faux prétextes me suis-je abrité pour justifier maladroitement leur non-accomplissement ?

Toutes ces réflexions, Hector Coiviel s'en était fait une spécialité.

Agrégé de psychologie à vingt-quatre ans, il avait, de son propre aveu, vite compris que pour se faire une place dorée dans le milieu ultraconcurrentiel des livres et des idées, il fallait rhabiller de vieux concepts multimillénaires en mots anglo-saxons, le tout teinté de positivisme et de « cool attitude ». Pour vendre des bouquins, c'était bien simple, il fallait faire croire à tous les gens qui les lisaient qu'ils cachaient en eux un potentiel énorme. Un potentiel qu'il suffisait de réveiller en souriant à la vie et en croyant dur comme fer aux forces cosmiques qui régentaient et aimantaient les bonnes ou mauvaises rencontres que l'on était susceptible de faire un jour.

Fort de ce constat, Coiviel avait trouvé un filon imparable. En simplifiant et vulgarisant quelques vieux essais philosophiques sur le bonheur, il avait bricolé un jour une théorie qui lui parut vendable et vraisemblable. Une théorie reprenant aussi bien des idées sur la pensée créatrice que des principes chrétiens venant de la Bible ou de la kabbale. Tant qu'on les collait à des adjectifs stylés et pas trop rigides, comme « holistique » ou « transcendantal », cela se vendait comme des petits pains. Cela mettait surtout en joie les as du service marketing de la maison d'édition dans laquelle il bossait depuis maintenant plusieurs années.

Sûr de son fait, il avait également glané un ou deux préceptes de Carl Jung, père cofondateur de la psychanalyse, en lui chipant les mots « synchronicités » et « inconscient collectif ». Dans tout ce fatras vaguement New Age, il n'avait bien sûr pas oublié plusieurs principes de physique quantique. Ça faisait toujours bien de dire aux lecteurs le mot « quantique ». Ça impressionnait les esprits sensibles. Encore plus si on citait ensuite Albert Einstein ou Nikola Tesla !

En synthétisant ces différentes sources d'inspiration, il avait créé un mouvement de pensée qu'il avait nommé « le penséisme », ou l'art de concrétiser ses bonnes pensées en croyant mordicus aux pouvoirs phénoménaux – et trop largement sous-exploités – de notre esprit. La métaphore filait bon train et le lecteur avait ainsi régulièrement droit à un jargon aux allures scientifiques et rassurantes. Le dernier en date ? Notre « scissure de Sylvius »[1].

Ce coin près de notre lobe temporal droit, découvert il y a peu par la magie de l'imagerie cérébrale, aurait été selon Coiviel comme une antenne de transistor permettant de capter les pensées tout en pouvant les émettre. Oui ! Il existait apparemment dans un de ces lieux dont seul notre esprit a le secret une force permettant à la pensée d'être propagée. Chose curieuse : on voyait très bien sur l'imagerie cérébrale, en bombardant le cerveau de positons, le moment où la pensée entrait… et le moment où elle sortait de notre cerveau ! Preuve, s'il en fallait une, qu'une idée, une fois émise, sortait de nous, hors de notre carcasse, prête à être reçue par un autre esprit qui, par son canal, la digérerait, transformerait et diffuserait à son tour !

Le philosophe Alain, sur lequel il avait fait une thèse, ne notait-il déjà pas dans ses écrits :

« N'importe quel être vivant, par sa structure, est un récepteur admirable de toutes ondes ? »

Hector Coiviel en était là.

En mettant un point final à son dernier roman, qu'il jugeait comme l'un de ses meilleurs, il fit ce qu'il avait toujours fait lorsqu'il terminait la dernière page d'un manuscrit : il envoyait dans la foulée un mail à Victoire Cholé, son éditrice, tout en intégrant en pièce jointe sa dernière création. Puis, comme pour mieux attendre le verdict de celle qui le publiait depuis vingt ans, il insérait un CD de Mozart dans le tiroir lecteur de son ordinateur portable.

C'était toujours le même morceau : le concerto pour piano n° 27, le dernier concerto que ce plus grand génie de tous les temps avait composé avant de mourir. Pour profiter de la solennité de cet instant, il tirait les rideaux de sa chambre afin de mieux se laisser habiter et pénétrer par l'ombre et il s'abandonnait à la musique, goûtant enfin aux plaisirs du repos et de la joie du travail bien accompli. Après avoir si longtemps tenté de maîtriser tous les tenants et aboutissants de sa trame narrative, il allait pouvoir se laisser aller, puisant dans la musique classique le fond d'énergie nécessaire qui lui fallait pour mener à terme cette aventure…

– Et un succès de plus, se disait-il, l'air réjoui, un !

Du plus profond de son être, il pensait que cette nouvelle réussite allait de nouveau l'emmener loin, sur les chemins de la gloire et du succès… Mais il se trompait.

Elle/Lui

« En présence d'une réalité extraordinaire,
la conscience prend la place de l'imagination. »

Wallace STEVENS

Des bruits d'hommes et de chevaux.

Des personnes, aux formes floues et indistinctes, me parlent sans que je puisse clairement les identifier.

Des anges de la mort ?

J'aimerais leur dire qui je suis et pourquoi je suis là. J'aimerais surtout leur confier que mon heure n'est pas venue, qu'il me reste encore beaucoup de choses à vivre et à partager, mais rien ne sort de ma bouche, pas même un râle. Je sens pourtant qu'on m'installe quelque part et que je suis tractée par des cerbères, probablement venus ici pour me dévorer, m'achever et m'emmener au royaume des Enfers. Entre deux malaises, je sens mon corps endolori, couvert de bosses et de contusions. Je perçois d'étranges effluves chatouillant ma gorge et mes narines. De l'encens ?

Est-ce mon imagination ? J'entends également de drôles de bruits. Des incantations même. M'offrirait-on, à quelques minutes de la mort, une cérémonie funéraire pour apaiser les colères divines ? Je crois voir un très vieil homme – un chamane, un sorcier ? – à la peau mate et aux traits tirés. D'une voix sans appel, dans une langue que je ne comprends pas, il me force à ingurgiter une mixture aux relents acres qui me fait aussitôt exploser la cervelle.

Comme scindée en mille morceaux, je me sens éparpillée, dispersée aux quatre coins de la nature. Mon corps n'est plus et mes pensées, mes dernières pensées, se mêlent au paysage, témoin de ma mort.

Elles s'incrustent dans la forêt de pins qui me servira de tombeau lorsque je serai mise sous terre. Elles pénètrent aussi à travers l'esprit des animaux qui passaient par là et qui me voient, une dernière fois, en train de contempler le ciel.

Blaireaux, serpents, salamandres, ours noirs, écureuils, grenouilles des bois, rouges-gorges et autres hirondelles, tous ces êtres me voient et je les vois aussi de l'esprit colporter à leur tour les ultimes bribes de ces pensées qui ont fait de moi ce que j'ai été sur cette terre. En en suivant quelques-uns, à travers des sentiers que je ne pourrai désormais plus jamais emprunter, je vois mes dernières projections mentales se fondre et se confondre dans la nature.

Je me jette dans un grand trou noir.

PLONGÉ DANS LE NOIR, Hector était condamné à attendre. Condamné au jugement de son amie qui lui dirait à combien d'exemplaires elle daignerait publier ce qui lui semblait être son meilleur ouvrage. Le plus abouti qu'il ait pu écrire à ce jour. Le plus complexe aussi. Pour tromper l'angoisse, il poussa le volume à son maximum, espérant profiter de la meilleure des façons du concerto.

Dès l'entame des premiers violons, il comprit que seul ce rituel le calmait et l'apaisait.

Le premier mouvement, limpide et guilleret, lui évoqua directement un décor : un paysage de campagne ou un cadre de verdure au milieu d'une forêt. En fermant les yeux, il imagina deux amoureux, tout à la joie de se retrouver, comme quand il était en couple avec Cécile. S'amusant de la naïveté que lui inspirait cette atmosphère, Mozart semblait prendre un malin plaisir à jouer sur la corde sensible de son auditeur en alternant les passages liés, sereins et calmes, et les passages piqués, souvent mordants… parfois même drôles jusque dans leurs dissonances. Ces dernières, selon l'écrivain, étaient peut-être même un peu trop marquées pour ne pas être perçues comme une discrète invitation à réveiller chez soi l'amoureux qui dort.

Tous ces art-thérapeutes avaient raison : aimer Mozart, c'était aimer la vie. C'était aussi avoir envie d'aimer, en se donnant à corps perdu à quelque chose auquel on croit. À n'en pas douter, Mozart devait être à ce sujet un professeur très convaincant ! Comment ne pas l'être lorsque le travail musical imposait lui-même une écoute constante de ce que pouvaient exprimer son corps et ses émotions ? Les mains, la gorge, la voix, le cœur, la respiration, la poitrine, le souffle, tous ces éléments, quand on écrivait pour une soprano ou un piano, concouraient tôt ou tard à faire rejaillir ces forces vives qui sommeillaient et qui bouillonnaient en chacun de nous.

Toutes proportions gardées, avait-il ce même pouvoir, lui, à travers la seule force de son écriture ? Avait-il cette aura magnétique qu'ont les plus habiles et inspirés ? Cette capacité à bouger ces lignes intérieures qui redessinent les contours de notre cœur ?

La venue du deuxième mouvement du concerto ne lui laissa pas le temps de poursuivre plus loin sa réflexion. Car à l'entrée du *larghetto*, l'atmosphère changeait. Mozart s'émancipait en quelque sorte. Il nous tendait la main, très chaleureusement, en nous faisant entrer dans le cercle intime de ses amis. Rien que cela ! Puis, comme s'il avait voulu rappeler, avec beaucoup de tact, ce que se murmuraient deux amants, il nous fredonnait comme une caresse quelques accords. Nul doute que cet homme si étrange et hors de son temps était un grand, un des meilleurs artistes que le monde de l'art ait pu connaître.

Osant enfin être simple sans être simplet, le compositeur classique nous livrait là sans fioritures l'homme qu'il était, avec ses peines mais aussi ses joies. Loin de toute virtuosité clinquante ou tape-à-l'œil, il offrait ce que son être portait de plus pur et de plus beau…

Une sonnerie de téléphone arracha Hector à ces pensées.

– C'est Victoire, entendit-il en décrochant le combiné.

– Alors, ça y est ? Tu as fini ?

– C'est exact…

Léger silence.

– Tu as aimé ?

Hector entendit sa vieille amie à l'autre bout du fil se racler la gorge, comme si elle cherchait à se donner une contenance.

– C’est quoi cette musique que j’entends derrière ?

– Devine…

– C’est le Mozart ? Tu écoutes encore ce vieux concerto ?

– On ne se refait pas !

– Sacré Hector… Toi et tes rituels !

Ils rirent ensemble deux ou trois secondes mais quelque chose, Hector le sentait, ne se déroulait pas comme il l’avait prévu.

– Tu l’as terminé ou pas ?

– Oui, je l’ai terminé.

– Et alors… ?

Elle poussa un long soupir.

– Ce n’est pas bon.

– Quoi ?

– Ce n’est pas bon, Hector. Pas bon du tout.

Pris de court, il encaissa le choc avant de s’entendre dire :

– Qu’est-ce que tu racontes ?

– Nous te publierons, bien sûr. Ton nom reste encore aux yeux de beaucoup de personnes une marque connue et très rentable…

– Mais… ?

– Mais ne t’attends pas à des critiques élogieuses. Pas cette fois.

– Victoire… c'est une blague ! J'ai donné le meilleur de moi-même dans ce bouquin ! J'ai fait mourir mon héroïne, celle avec laquelle je travaillais depuis dix ans ! Tu ne trouves pas ça fou ?

Devant le silence que lui renvoyait son interlocutrice, il décida de ne pas se démonter en répliquant de façon plus vive :

– Victoire, tu dois me croire… La mort de Chloé était ce dont j'avais besoin pour rebondir.

– Ne dis pas ça comme ça, s'il te plaît, ce n'est pas sain.

– C'est très sain, au contraire ! Cette épreuve va me permettre d'entamer un nouveau cycle. Laisse-moi au moins une dernière chance !

– Chloé fut ta plus belle idée littéraire, Hector, mais tu dois reconnaître que tu en as fait un objet commercial depuis quelques livres.

– Victoire…

– Tu as été un très bon écrivain à tes débuts…

– Mais je suis encore un bon écrivain !

– Arrête de te mentir, Hector. Tu te mures dans le déni depuis que Cécile est partie.

– Mais…

– Qu'est-ce qu'il y a ?

– Je… je croyais qu'on était amis ?

Les larmes qu'il avait jusque-là réussi à réprimer commencèrent à couler le long de ses joues. Victoire ne pouvait pas terminer cette conversation de la sorte, ce n'était pas possible !

– Nous sommes amis, finit-elle par dire d'une voix plus douce, sinon je ne serais pas là en train de te conseiller.

– Et tu me conseilles quoi ?

Le son de sa voix reprenait déjà de la vigueur. Elle connaissait ce regain de forme. Elle annonçait une colère froide. Ce genre de colère qu'ont les artistes capricieux qui ont été peut-être un peu trop ménagés. Elle allait devoir la jouer finement.

– Écoute, soit nous te publions… et tu auras probablement de belles ventes. La presse, par contre, comme elle a déjà commencé à le faire depuis deux ou trois livres, te descendra en flèche…

– Tu en es sûre ?

Elle se mordit les lèvres, consciente d'en avoir trop dit. Tant pis. Elle devait tout avouer.

– Aurore, de notre service marketing, a laissé filtrer quelques bonnes feuilles de ton manuscrit.

– Tu te fous de moi ?

– Nous avons toujours eu l'habitude d'attiser en douce la curiosité de quelques journalistes dès que nos « écrivains-star » finissent quelque chose. Nous ne te l'avons jamais caché.

– Ok. Et alors ?

– Les retours des premières rédactions sont plutôt cinglants. Catastrophiques même.

– …

– Hector, tu es toujours là ?

Il n'en croyait pas ses oreilles. Il y avait de cela une heure, il se laissait transporter par la musique de Mozart, bercé par la certitude d'avoir de nouveau accompli quelque chose de grand… Et ces belles illusions étaient en train de se fissurer de manière grotesque ! Comme dans un mauvais rêve.

– Quel est le deuxième choix ?

– Tu es sûr que tu veux l'entendre ?

– Au point où j'en suis…

– Fais un break, Hector.

– C'est ça mon deuxième choix ? Tu veux que je parte en vacances ?

– Repose-toi, oui. Profite de l'argent que tu as amassé pour voyager et rencontrer du monde. Vide-toi la tête…

– Tu ne peux pas me faire ça, Victoire… pas maintenant.

– Tu me remercieras d'ici quelque temps, tu verras. Prends soin de toi.

Elle raccrocha sur ces mots, laissant Hector seul, pour la première fois incapable de prononcer un mot.

CE FUT COMME UNE IMPLOSION.
Une déflagration intérieure.

Était-ce cela que j'appelais la Mort de mon vivant ? Une dispersion des bribes ayant constitué mon être pour mieux m'aider à revivre dans la nature ? Grisée par mes nouveaux pouvoirs, je sens que je peux guider en pur esprit ce qui se trouvait auparavant dans ma tête vers de nouveaux lieux ou vers de nouvelles personnes. C'est ainsi que je déverse mon amour – tout l'amour que j'ai reçu et qu'on m'a donné du temps où j'étais en vie – dans des torrents, des fleuves ou des rivières. C'est ébouriffant et enivrant. Je n'ai jamais rien connu de tel.

En délaissant mon corps, de plus en plus pâle et à l'agonie, je me jette mentalement dans le vide du haut de grands canyons, de montagnes ou de collines afin de faire tomber les vieilles idées qui me tenaillaient lorsque mon cœur battait toujours. Je sens mes anciens comportements, petit à petit, m'abandonner. Tel un oiseau découvrant qu'il est capable de se laisser porter par le vent et les courants d'air, je me réchauffe au soleil, entre ciel et terre, permettant à mes nouvelles capacités de s'aiguiser et de se perfectionner.

C'est absolument indicible.

En volant vers de nouveaux territoires, j'ai l'impression d'aller à la rencontre de nouveaux esprits. Des esprits que je ne pouvais pas voir, ni même sentir, du temps où j'étais enserrée par les pulsions de mon enveloppe charnelle. Comme si ces désirs morbides d'un autre temps m'empêchaient de voir ce que la vie cachait de beau et d'essentiel. Fallait-il donc mourir pour comprendre tout cela ? Et étais-je réellement morte ?

Parmi toutes ces rencontres, une me donne une impression plus vive et plus tenace que toutes les autres. Comme une marque ou une empreinte. Dur de lui donner un visage puisque c'est le « regard » de mon âme qui semble capable de percevoir les choses. Mais si je n'ai plus mes sens d'humaine pour appréhender correctement celles et ceux que je visite et celles et ceux qui viennent me voir… Je sens instinctivement qu'il peut s'agir du chamane ou du sorcier qui m'avait forcé à avaler cette potion juste avant que tout cela ne m'arrive.

Comme s'il visitait le lieu où mon enveloppe corporelle avait été déposée – un joli lieu dans une petite hutte en torchis –, je le sens rôder autour de moi.

La force qui émane de lui me fait dire que son esprit est d'une puissance impressionnante. Je ressens une grande douceur aussi. Cette douceur est telle qu'elle me suffit pour le moment. Plus que des mots, elle panse mes plaies spirituelles, qui viennent tout juste de cicatriser. Elle m'aide aussi à m'acclimater. M'acclimater à...

À quoi au juste ?

À ma nouvelle vie ? À mon purgatoire ? À ma mort ?

Je ne saurais dire.

Mais alors que je commençais à accepter le sort qui m'avait été réservé, à un moment où j'avais fini par tolérer que je n'aurais jamais de réponses à toutes ces questions, je l'ai entendu.

Oui, je vous parle bien du chamane ! Je l'ai entendu me dire quelque chose. Autant vous le dire tout de suite, je n'étais pas prête à encaisser un coup pareil.

Car ce qu'il m'a dit ce jour-là m'a pétrifiée.

Définitivement.

UN GOUFFRE BÉANT venait tout juste de s'entrouvrir sous ses pieds.

Pouvait-on donc voir toutes ses certitudes voler en éclats ? Pouvait-on en un claquement de doigts se retrouver anéanti ?

Son professeur de sémantique, lorsqu'il était encore un jeune étudiant plein de certitudes à l'université, aimait à lui rappeler que le mot « rien » venait du latin *res* et signifiait précisément « la chose » ! Une chose, ce n'était pas rien… et par conséquent, le rien pouvait être un petit truc de rien du tout, même minuscule ou infinitésimal.

Cette anecdote, dans de nombreux livres, l'avait aidé à tricoter quelques vieux symboles autour de la thématique de la dévalorisation. À une époque où il pensait être quelqu'un de bien, un écrivain important qui, sans être un génie, parvenait tout de même à toucher avec simplicité le cœur des gens, il avait cru, sottement, que ce genre de métaphores et tapageuses était en mesure d'aider quelques personnes désœuvrées en quête de repères.

Il avait cru à la force évocatoire de son langage et à la puissance de ses symboles. De mignonnes images inoffensives, saupoudrées de réflexions philosophiques faussement profondes pour guider les lecteurs vers une sorte d'extase et d'illumination intérieure. Un peu comme dans ces romances américaines au cinéma où tout se termine toujours bien. La fin est accompagnée par des chansons tonitruantes qui mettent le paquet, notamment lors du générique de fin, et elles vous beuglent à grands coups de timbales que oui, la vie est belle et qu'elle vaut le coup d'être vécue, quoi qu'on en dise.

Quelle monstrueuse connerie.

Aujourd'hui, tous ces mots semblaient si vains et illusoires ! Comment avait-il pu se convaincre que cette logorrhée allait soutenir les gens perdus ? Y avait-il cru une seule fois ?

Car c'était une chose d'écrire de jolies paroles, ivre d'orgueil et d'arrogance, mais c'était une autre paire de manches, comme à cet instant, de les vivre lorsque l'on était déchiré dans sa propre chair et dans son âme.

– TU ES VIVANTE !

J'entends des sons, mais une partie de moi refuse de comprendre ce qui commence à se tramer dans mon cerveau.

– Tu es vivante !

L'information semble tellement énorme. Ai-je bien entendu ?

– Jeune fille, tu m'entends ?

Assaillie par cette évidence que l'on m'assène comme une vérité que je ne me sens pas prête à affronter, je fais d'abord ce que je peux pour résister. Ce que j'entends est trop improbable. Comment pourrais-je être…

– V.I.V.A.N.T.E !

Ce n'est pas possible…

– Tu es vivante, jeune fille…

– Comment pourrais-je l'être ? Je ne sens plus rien.

Ma réplique a fusé de je ne sais où. Comme si mon esprit et celui de cet homme, par-delà les langues, étaient capables de se connecter.

Mais connecter à quoi ? À vrai dire, j'étais encore beaucoup trop perdue pour pouvoir le comprendre et ce n'était pas la conversation que je m'apprêtais à mener qui allait m'aider.

– Je ne sens plus rien, comment pourrais-je être en vie ?

– Si tu ne ressens plus rien, tu ne peux pas être morte…

– Ce n'est pas logique, je…

Ma phrase reste bloquée dans le fond de ma gorge. L'esprit qui me parle n'est pas seulement ce mélange de force et de douceur que j'avais perçues les premiers temps. Il y a aussi de la moquerie. Une moquerie qui n'est pas méchante. Juste une façon de jouer avec moi.

– Que sais-tu de la mort, jeune fille ?

– Pas grand-chose, c'est vrai, mais…

Sa voix, que j'entendais de toutes parts, s'incarne petit à petit en face de moi. Je devine une silhouette : une personne très vieille, très maigre aussi, avec des yeux perçants. Des yeux qui vous scrutent ou qui vous sondent en quelques secondes. Des yeux devant lesquels vous n'avez pas envie de mentir ou de fanfaronner, vous pouvez me croire !

– Tu vas te réveiller de ton coma dans deux minutes, jeune fille…

– De mon…

– De ton coma, oui.

– Ça veut dire que…

– Ça veut dire que lorsque tu rouvriras les yeux, tu te retrouveras dans la petite hutte que tu as déjà vue…

– Celle qui est en torchis ?

– Celle-là même, oui. Les hommes de mon village vont s'occuper de toi pour t'aider à remarcher et à retrouver des forces.

– Les hommes de votre village ?

Je perçois à présent de plus en plus finement les contours de sa silhouette. Il me tend un sourire avant de répondre.

– Je suis celui que tu as nommé « le chamane ». Lorsque tu seras en capacité de bouger, tu sauras me retrouver. Je t'attends.

– De marcher ? Vous voulez dire que…

J'aimerais lui poser de nombreuses autres questions, mais une force contre laquelle je ne peux pas lutter me happe et m'aspire jusqu'à réintégrer un habitacle que je pensais avoir perdu.

Mon corps.

J'ouvre les yeux.

IL FALLAIT OUVRIR LES YEUX. Impossible de ne pas constater le désastre. Impossible, surtout, de ne pas subir cette interminable loi des séries dans laquelle il se trouvait empêtré.

Devenait-il paranoïaque ? Après ce qu'il perçut comme une fin de non-recevoir de la part de son éditrice, Hector dut faire face aux refus des journalistes. Tous, un par un, donnèrent l'impression de le lâcher. Et malgré des ventes qui restaient toujours très honorables, l'assèchement progressif de sa plume, mêlé à ses histoires de moins en moins inspirées, s'était répandu comme une traînée de poudre. Tous ses contacts, toutes ses vieilles relations avec qui il avait noué des liens qu'il avait crus indéfectibles, tous ses « amis » de la profession semblèrent l'oublier, du jour au lendemain, en ne répondant plus à ses appels ou en l'évitant précautionneusement dans les lieux où tout le gratin aimait parler et se retrouver.

Des articles dans la presse spécialisée commençaient à poindre, ici et là, au sujet de sa déchéance, réelle ou supposée. On ne parlait plus de son talent de vulgarisateur, de sa propension à rendre accessibles les grandes questions existentielles qui jalonnaient une existence…, mais on parlait de son côté artificiel.

Hector Coiviel aurait-il pu faire carrière sans sa tête de jeune premier en quatrième de couverture ? Ne prenait-il pas la place d'autres personnes plus sincères et plus altruistes pour parler correctement de toutes ces choses ? Fallait-il le prendre pour ce qu'il était : un banal effet de mode qu'un nouveau coup de vent médiatique saurait effacer en quelques secondes ? Ou bien valait-il mieux ne carrément plus parler de lui et se consacrer à de vrais écrivains plus ambitieux ?

Cette cabale, pour Coiviel, ne fut pas seulement dure à supporter. Elle fut ressentie comme une injustice. Il avait certes, depuis quelque temps, un peu trop pensé à son compte en banque. Peut-être, comme le sous-entendait Victoire, s'était-il vaguement laissé aller. Mais il n'avait tué personne, non ? Même de qualité inférieure par rapport à l'ensemble de son œuvre, ces derniers ouvrages avaient longtemps caracolé en tête des ventes, faisant mieux pendant plusieurs semaines que le dernier roman de Bernard Werber ! Il fallait quand même le faire ! Critique-t-on avec autant de virulence un réalisateur de comédies dont les deux ou trois derniers films seraient moins drôles ? Bien sûr que non ! On va le voir au cinéma, assuré de ne pas avoir affaire au film du siècle, mais plus ou moins certain de passer un bon moment de détente, ce n'est déjà pas si mal !

Ce que faisait un réalisateur de comédies, pourquoi ne le permettait-on pas à un scribouillard comme lui spécialisé dans le bien-être et qui ne demandait – en plus – rien à personne ? Franchement, était-ce si mal de penser au fric de temps en temps ? Allait-on jeter en pâture un mécène milliardaire juste sous prétexte qu'il était plein aux as ? Non, il ne valait certainement pas, du temps de sa gloire, toutes ces louanges, mais il ne méritait pas non plus maintenant autant d'injures et d'opprobre…

Coiviel pestait ainsi contre l'humanité auprès d'Hélio Cricevot, son psychothérapeute depuis dix ans.

Leur histoire n'était pas des plus communes. Il l'avait trouvé, un jour où il venait de toucher le fond, dans les pages jaunes de l'annuaire, intrigué par son nom et son prénom à coucher dehors. Ces pseudonymes si étranges – il le saurait seulement plus tard – n'avaient pourtant rien de fou ou d'illogique. Ils étaient la retranscription française d'un nom et prénom d'origine slovène. Au début des années 1990, ses parents avaient dû fuir leur ex-Yougoslavie en pleine guerre civile sous le statut de réfugié politique et ils avaient emmené leur fils unique âgé d'une vingtaine d'années, trop heureux de partir pour découvrir sur le sol français les plus grands noms qui officiaient dans l'univers de la thérapie brève. Rapidement intégré au petit monde parisien, le fiston avait su se faire en à peine deux ans une clientèle fidèle et dévouée et Hector, toujours à l'affût de nouveautés, avait flairé le bon coup. Il n'eut jamais à regretter son choix car les soins que prodiguait Hélio, en toutes circonstances, étaient efficaces et toujours très innovants.

Ils étaient donc tous les deux assis à la terrasse d'un café, et l'homme de soins avait patiemment écouté l'écrivain maudire son entourage, posant ici ou là quelques questions pour être bien sûr de comprendre correctement sa situation.

Cricevot, c'était ce qui avait à l'époque tant plu à Coiviel, n'était pas un coach très ordinaire, c'était un fervent adepte de Milton Erickson, pape de la thérapie brève et inventeur de l'hypnose ericksonienne – celle-là même qu'on utilisait de nos jours dans les hôpitaux et que l'on enseignait dans les universités[2]. Le thérapeute aimait sortir ses patients du cadre étroit du cabinet pour les confronter à la vie et les exposer, quand cela l'exigeait, à la vindicte des passants qu'ils croisaient lorsqu'il s'agissait d'avoir un avis extérieur. Parfois violent dans son approche, il n'en obtenait pas moins des résultats exceptionnels et Hector Coiviel, comme dans un éclair de lucidité, s'était dit que remuer le cocotier, au point où il en était, ne pourrait pas lui faire de mal…

– Tu fais des rêves depuis quelque temps ? finit-il par dire en terminant le croissant qu'il avait commandé.

Décontenancé, Coiviel tenta de réfléchir à la question. Les rêves étaient un domaine qui l'avait toujours fasciné et il s'en était même servi dans d'anciens ouvrages lorsqu'il traitait des fascinants pouvoirs de notre inconscient pendant notre sommeil. Sujet lui-même à des cauchemars, il avait voulu en savoir plus, mais son médecin craignait tellement pour sa santé, après le départ de Cécile et de sa petite Elvire, qu'il avait préféré le couper net dans ses élans en lui prescrivant en lieu et place de très puissants anxiolytiques. Les cauchemars s'étaient arrêtés du jour au lendemain et Coiviel avait poursuivi ses recherches dans d'autres champs d'expérimentation, moins dangereux et sans doute beaucoup plus sécurisants.

– C'est marrant que tu dises ça…

Le thérapeute le regarda, l'œil en biais, surpris par le début de sa réponse.

– On ne peut pas dire que je rêve, mais… comment dire… quand je me réveille le matin, j'ai froid !

– Tu as froid ?

L'écrivain le fixa, les yeux brillants :

– J'ai l'impression que je reviens d'un pays froid ou quelque chose de ce genre…

– D'un pays froid, rien que ça !

– Je ne saurais pas te le dire autrement… Je ressens un grand froid, comme si mon cœur était dans de la glace !

– Dans de la glace ?

– Oui, c'est à peu près ça… C'est l'image qui me vient en tout cas !

– Hector ?

– Oui ?

Le regard d'Hélio était redevenu perçant. Avec des yeux qui vous scrutent en à peine quelques secondes. Des yeux devant lesquels vous n'avez pas envie de mentir ou de fanfaronner, vous pouvez me croire !

– Il est temps que nous vivions ensemble notre premier rêve éveillé, notre premier rêve lucide[3] !

– Notre quoi… ?

Il paya l'addition et se leva en incitant Hector à faire de même.

– Notre passeport vers le bonheur, se contenta-t-il de répondre. Celui que tu as fait semblant de comprendre dans tes livres, mais que tu n'as jamais expérimenté dans ton corps. Allez, viens. Il va nous falloir un endroit calme…

Il le suivit dans un état second, comme s'il l'avait déjà depuis très longtemps envoûté.

DANS UN ÉTAT SECOND, j'essaye d'habituer ma vue à la lumière. Aveuglée par les couleurs, je referme aussitôt les paupières, comme pour mieux reprendre possession de mon corps et de mes sens.

La douleur est insupportable.

J'essaye de bouger, mais mes muscles refusent de répondre. Cette impression me fait peur. Finirais-je paralysée ? J'ai le sentiment très désagréable d'être coupée en deux. Une partie de moi est ailleurs, enfermée dans des rivières et des paysages à couper le souffle, et une autre partie semble prisonnière, retenue contre son gré par cette tunique de chair qui reprend ses droits sans que je ne lui aie donné aucune permission !

Plus je prends conscience que je suis en vie, plus mes membres me font mal. Un peu comme si ma pensée, en réintégrant la matière, me rappelait progressivement mes douleurs terrestres, celles d'avant mon séjour du royaume des morts.

Je hurle du plus fort que je peux.

Le faible son qui s'échappe de ma bouche alerte une personne qui devait me veiller. Je rouvre péniblement les yeux pour voir de qui il s'agit, mais je ne sais pas qui c'est. Sans se préoccuper de mes cris, elle pose sur moi des gestes sûrs, précis et assurés. Elle applique des crèmes brûlantes sur différents endroits de mon corps et frictionne contre ma poitrine ce qui me semble être des fleurs séchées très odorantes mêlées à une sorte de pâte visqueuse que je n'arrive pas à identifier. Elle me fait également boire un breuvage amer qui me rendort instantanément.

Lorsque je me réveille, je retrouve la même personne devant moi. Elle me sourit cette fois-ci et, dans un langage que je ne comprends pas, me dit des choses d'une voix douce. Langoureuse presque. Elle me masse vigoureusement de la tête aux pieds. Ce même rituel à différents moments du jour et de la nuit se perpétue pendant plusieurs semaines.

Lentement, je sens que je me réapproprie mon corps. J'arrive à présent à me tenir assise quelques minutes, sans avoir trop mal. Je mange même les plats qu'on me donne alors que j'étais incapable d'ingurgiter quoi que ce soit. Reprendre des forces me fait du bien, mais je réalise que je n'en suis encore qu'à la moitié du chemin.

Je ne marche toujours pas et dès que je tente de parler en position assise, je suis prise de vertige !

Dans l'un de mes étourdissements, j'ai d'ailleurs une étrange sensation. Sont-ce les interstices du mur de ma hutte qui me laissent entrapercevoir ce qui se passe au dehors ou bien un nouveau pouvoir que j'ai appris à développer en séjournant dans le royaume des morts ? Ce dont je suis sûre, c'est qu'à travers les murs de ma maisonnette, au-delà du village dans lequel je me trouve, il y a une forêt, une très grande forêt que je reconnais immédiatement.

En m'y enfonçant davantage, je peux sentir les traces d'une présence qui m'est familière. Au milieu du noir et de la pénombre, je devine deux petites fentes perdues dans la nuit, deux flèches acérées plantées en moi. Un regard perçant que je reconnaîtrais entre mille.

DANS LE COIN SALON du cabinet du thérapeute, Hector commençait à fermer les yeux. Happé par le regard d'Hélio, de plus en plus ensuqué, il semblait prêt à partir dans un autre monde…

– Ton corps est lourd, répéta Hélio mécaniquement, très lourd. Et plus *le corps est lourd*, plus *la pensée devient légère, très légère…* comme une volière dont on libérerait les créatures qui y étaient enfermées. Sauf que cette volière, celle que tu *imagines* en ce moment même, n'est pas une volière comme les autres… Elle ne contient pas d'oiseaux, non. Cette volière que tu as dans la tête, elle contient des idées… des milliards et des milliards d'idées. Certaines sont vieilles et d'un autre temps. *Tu peux* ainsi les voir voler et disparaître vers des cieux qui seraient derrière toi et qui ne t'appartiendraient plus, réservés au passé. D'autres pensées, au contraire, sont là, bien présentes. Elles sont plus actuelles, mais elles ont aussi besoin de *reprendre des forces et* de *retrouver* tout leur instinct en se laissant porter par les courants d'air chaud. Cet air chaud, c'est l'amour qui t'a inondé lorsque tu étais petit en regardant tes parents, c'est *ce feu intérieur qui t'a poussé, plus jeune, à vouloir changer le monde* et rendre ce dernier plus beau. *Tu peux, en toute innocence, te laisser submerger par cette sublime force qui te libère…* Et plus elle te libère, plus le corps se relâche, tranquillement emmitouflé dans les replis de cet édredon dans lequel tu t'es lové. Les pensées, elles, sont comme on l'a dit : de plus en plus légères et de plus en plus libres. Certains exercices physiques sont nécessaires pour que le corps puisse sereinement bouger et se déplacer. D'autres exercices, de la même façon, sont également vitaux pour la survie de l'âme et de l'esprit. *Tu* peux donc *être fier* et apprécier cette joie toute simple d'avoir remis de l'ordre dans cette tête devenue si lourde. De vieilles pensées ont pu partir car elles ne t'appartenaient plus… d'autres se sont rassemblées en petits groupes pour apprendre les unes des autres et créer de nouveaux comportements. D'ultimes pensées, enfin, intriguées par cet espace où se trouvait autant de place, ont voulu se poser pour explorer et décider ce qu'il y avait à découvrir…

Les paupières d'Hector, à cette dernière évocation, se mirent à légèrement papilloter. Hélio embraya :

– Tu ne peux pas ne pas te dire qu'il n'est pas possible de *changer les choses*... car au moment où je te parle, *aidé de ton conscient et de ton inconscient, de ton intuition et de ta raison, de tes pulsions et de ta logique*, l'oiseau que tu étais il y a quelques minutes, grisé par les courants d'air, magnifiquement perché entre le ciel et la terre... ce bel oiseau va accomplir un nouveau voyage... un voyage initiatique au cœur... au cœur de ton cœur[4] !

Fier de son bon mot, Hélio vit les lèvres de l'écrivain esquisser un sourire. Il était sacrément réceptif, le gaillard... Il fallait donc poursuivre et approfondir.

– Ton oiseau intérieur, en cet instant, en ne faisant plus qu'un avec la nature, peut se laisser guider par sa voix intérieure. Laisse-le aller où bon lui semble. Laisse-le choisir la bonne direction... cela prendra quelques minutes ou quelques secondes. Et le temps qu'il suive ce qui l'aimante, une partie de toi est d'en train d'aller puiser toutes les ressources dont il a besoin pour faire de cette expérience quelque chose d'unique[5]. Apprécie de voir ce que ce bel oiseau observe, du haut du ciel, sous son regard qui est le sien. Entends le silence doux et lumineux enveloppant cet air pur qui le traverse. Ressens le vent caressant sa peau et chatouillant ses plumes... Et aperçois-toi, dans cet élan caractéristique, que tu es déjà arrivé, sans t'en rendre compte, à la destination à laquelle tu t'étais préparé depuis si longtemps[6]...

En plein état modifié de conscience, Hector trembla, les paupières closes, en faisant mine de mettre sur lui des couvertures pour se protéger d'un froid imaginaire.

– Où es-tu, Hector ?

Plongé dans ses visions, l'écrivain semblait ne pas entendre la question qui lui avait été posée.

– Hector, où es-tu ? Dis-moi, parle !

– ...

– Hector ?

– Je suis dans un désert de glace, finit-il par dire.

– Un désert de glace ?

– Oui...

– Décris-le-moi...

Il réfléchit quelques secondes en dodelinant de la tête et en finissant par dire :

– Il y a de la neige partout...

– Partout ? Vraiment partout ?

– Je ne sais pas, je...

– Regarde bien...

Dérangé par l'effort à fournir, Hector fronça les sourcils, les yeux fermés avec application, tout en se laissant distraire par des pétards qu'une bande de jeunes avait fait éclater dans la rue attenante au cabinet. En bon professionnel, Hélio se servit de l'imprévu pour renforcer la transe hypnotique.

– Concentre-toi bien, Hector. Les bruits que tu entends ne sont que les battements de ton propre cœur. Il sent qu'il va vivre là quelque chose d'intense et d'exceptionnel… et c'est la raison pour laquelle tu l'entends si fort pétarder… Il doit être là, à côté de toi, et il t'accompagne durant ta quête. Puissent ces bruits, loin de te perturber, te rassurer ! Ils sont là pour te murmurer que tu n'es pas seul…

– Je vois un truc au fond, le coupa-t-il.

– Un truc au fond ! C'est très bien ça, bravo ! Avance… qu'est-ce que c'est exactement ?

– On dirait…

– Oui ?

– On dirait… une petite hutte !

– Une petite hutte ?

– Oui… c'est ça !

– Dis-moi à quoi elle ressemble.

– C'est… une petite hutte en torchis…

JE ME RÉVEILLE EN SURSAUT.

Des bruits d'explosifs !

Ai-je rêvé ? Ou bien étaient-ce les battements de mon cœur qui pétardait pour me presser de me réveiller ? Cela semblait si vrai et si réel…

Je le confesse, si je parviens un jour à m'échapper d'ici, avec cette imagination qui est la mienne, je raconterai sûrement mes aventures ! Avec un peu de chance, qui sait si mon histoire ne plaira pas aux gens désireux de s'en sortir ?

Pour cela, peut-être faudrait-il d'abord que je parvienne à sortir de ma hutte…

Depuis plusieurs jours, la personne qui me soigne m'aide à me tenir debout en m'accrochant à de solides béquilles taillées dans du bois. Si je suis parvenue à faire quelque pas à l'intérieur, il me tarde quand même de me confronter au monde réel…

J'ai bien essayé de franchir ce cap, mais les bourrasques de froid, le terrain en pente raide et un brouillard à couper au couteau m'ont sapé le moral et décidé très vite à rebrousser chemin.

Alors pour me préparer au jour où mon corps sera enfin disposé, j'aiguise mon esprit en peaufinant mes visions précédentes. En scrutant, centimètre par centimètre, les moindres parcelles de ce terrain me séparant de la forêt, je tente de visualiser les endroits dangereux, inspectant avec circonspection tous les recoins propres à me délivrer un enseignement : une fleur vénéneuse, un animal inquiétant…

Au bout de quelques semaines, je sais tout des arbres contre lesquels je pourrai sereinement me reposer lorsque mes jambes me feront mal, je suis également capable de restituer avec une précision proche de la perfection les sinuosités du sentier que je parcourrai pour me rendre le plus vite possible au cœur de cet endroit.

Car je sais qu'il est là, je sais qu'il m'attend.

Certaines nuits, il vient me rejoindre dans mes rêves. Il est là, je le sens, près de ma hutte, à tourner autour de moi. Parfois, il se contente de m'approcher, me signifiant que je ne suis pas seule et que je pourrai toujours compter sur lui. D'autres fois, il m'encourage à m'extraire de la pesanteur terrestre en partageant quelques vols par le biais des oiseaux intérieurs que nous avons tous les deux appris à façonner. Très souvent, je l'entends me murmurer, entre deux cimes :

– *Laisse-toi aller où bon te semble. Cela prendra quelques minutes ou quelques secondes… et le temps que tu suives ce qui t'aimante au plus profond de toi, apprécie simplement de voir ce que tu ne peux pas voir de ton regard de femme dans le réel. Entends le silence doux et lumineux enveloppant cet air pur que tu traverses. Ressens le vent caressant ta peau et chatouillant tes plumes… et aperçois-toi, dans cet élan, que tu es déjà arrivée, sans t'en rendre compte, à la destination à laquelle tu t'étais préparée depuis si longtemps…*

Pour être honnête, je ne sais à quelle destination il fait référence puisque chaque fois que je tente d'aller au-delà de ce qui me paraît imaginable, je ne parviens à voir qu'une image : une vague image floue et grisâtre d'un écrivain en train de pleurer. Serait-ce la projection de mon artiste intérieur ? Un artiste que je n'aurais pas assez écouté et qui souffrirait devant son impuissance à pouvoir s'exprimer correctement ?

RATTRAPÉ PAR SES ÉMOTIONS, Hector rouvrit les yeux en suffoquant.

Qu'était donc ce fichu truc qu'il venait de vivre ?

Jamais, de toute son existence, il n'avait fait une chose pareille. Il en avait pourtant vécu, par procuration, des moments incroyables… Mais cela ne sortait généralement pas du cadre étroit de la vie romanesque, cette vie figée à l'intérieur de laquelle ses personnages étaient prisonniers.

D'où sortait cette hutte ?

Était-ce une réminiscence d'une vie antérieure ? Une projection de son inconscient ? Une pure divagation hallucinogène ? Ou bien un stupide canular thérapeutique dont seul Hélio, roi de l'esbroufe, avait le secret ?

Non, vraiment, il avait du mal à pleinement adhérer à ce qui venait de se passer. Peut-on subir aussi facilement dans la réalité ce que l'on a tenté si péniblement de décrire sans trop y croire dans des dizaines de romans initiatiques ? Ce serait trop énorme. N'importe quel lecteur sensé trouverait lui aussi à redire devant un procédé aussi basique et aussi trivial !

Et pourtant, à y regarder de près, il savait aussi, en se remémorant plusieurs recherches qu'il avait entreprises à la bibliothèque, que l'esprit humain était capable de nous jouer des tours encore plus fous que la plus folle des intrigues du plus dingue des romans de science-fiction.

N'avait-il pas lu, par exemple, en puisant ses inspirations dans les travaux du psychothérapeute Erik Pigani, que les idées étaient des entités aussi réelles que les êtres humains ? N'avaient-elles pas le pouvoir de traverser différents espaces-temps pour prévenir les hommes de catastrophes à venir ? Les attentats du World Trade Center n'avaient-ils pas été vus en rêve par toute une communauté de rêveurs, spécialistes de la prémonition et de la pensée à distance ? Le drame du *Titanic* n'avait-il pas lui aussi été prévu, quatorze ans plus tôt, par les pressentiments perspicaces d'un romancier américain[7] ?

Ces quelques faits, contrant la logique, avaient été vérifiés pas les études les plus rigoureuses, et Hector savait par expérience qu'il était plus facile de les dénigrer d'un revers de la main plutôt que de se pencher avec sérieux sur ces mécanismes extraordinaires.

Dans cette optique, la solution la plus sage était de traiter nos pensées, toutes nos pensées, avec respect et humilité. Celles et ceux qui avaient osé les défier l'avaient d'ailleurs bien regretté ! Ne parlait-on pas dans les milieux littéraires du morbide « syndrome d'Oscar Wilde »[8] ?

La première fois que Coiviel avait entendu parler de cette histoire, c'était lors d'une conversation avec Victoire. Cette dernière, déjà inquiète des fanfaronnades de son poulain, avait tenté de l'avertir en lui confiant qu'il était toujours dangereux de se croire plus fort que ses idées. Même si ces dernières étaient jugées étranges ou rocambolesques, on ne savait jamais la manière dont elles pouvaient impacter notre monde sensible. Oscar Wilde, pour en revenir à lui, fut justement l'homme de lettres le plus connu à être victime de ce type d'arrogance.

En 1891, l'auteur du *Portrait de Dorian Gray* décrit précisément dans son nouveau livre l'homme qu'il va rencontrer deux ans plus tard. Non seulement l'homme en question, le dénommé lord Alfred Douglas, réduira sa vie en miettes, mais il le fera tomber dans une réputation tellement sordide que le pauvre Oscar ne s'en relèvera jamais vraiment. La ressemblance, aussi bien physique que psychologique, de cet Alfred avec le satanique prédateur du *Portrait de Dorian Gray* a laissé sans voix, comme en attesteront plus tard plusieurs photographies et témoignages. Quelques sceptiques, à juste titre, diront bien ensuite que l'artiste irlandais avait été attiré dans la vie par un personnage qu'il avait fantasmé au travers des pouvoirs maléfiques de l'écriture, mais il n'en fallut pas plus à la légende pour faire des mots un outil macabre chez toutes celles et ceux qui oseraient effrontément les défier.

Jean-Jacques Rousseau, Frédéric Dard, Herman Melville, Virginia Woolf ou Jorge Luis Borges, tous ces écrivains, malgré leur talent, avaient connu, un jour ou l'autre, les affres de ce terrifiant syndrome[9].

Se pouvait-il qu'il endure lui aussi à sa manière les tortures mentales de ces illustres prédécesseurs ?

LE GRAND JOUR ARRIVE.

Je me sens prête. Prête à affronter le monde. Prête à rencontrer mon chamane.

Pour de vrai, je veux dire.

M'apprendra-t-il enfin ce que j'ignore ? Me donnera-t-il de nouveaux éléments pour comprendre qui je suis et savoir ce que je fais là ? Pour ne pas inquiéter mon infirmier en cas de venue inopinée, je griffonne à la hâte un dessin sur une planche en bois en lui montrant de la façon la plus réaliste possible le chemin que je vais tenter de parcourir à pied.

Couverte de tous mes vêtements et des deux ou trois couvertures que j'ai dans mon lit, j'ouvre la porte de ma hutte d'un geste sec. Comme je m'y attendais, je me fais gifler dès les premières secondes par un froid encore plus rude et accablant que celui que j'avais connu au début de mon histoire. Intuitivement, je savais que ces premières secondes avant de m'élancer seraient les plus délicates. C'est pourquoi je me jette assez vite dans le noir pour ne pas avoir à regretter ma décision. Guidée par une pleine lune de toute beauté, tractée par mes béquilles de fortune, je profite de la nuit pour ne pas avoir à rencontrer de villageois mais aussi pour me laisser aiguiller par mes intuitions.

Pour être parfaitement sincère, je ne retrouve pas les éléments du décor que j'avais d'abord tenté de mentaliser au calme, mais je m'en sors avec les honneurs. Sans trop d'encombres et de douleurs, je finis par emprunter un chemin, le seul viable qui puisse m'emmener au cœur de la forêt.

Au départ, il me faut du temps pour me familiariser à l'obscurité. Oppressée par la hauteur de certains arbres, j'ai d'abord peur de me faire engloutir par la pénombre mais je tiens bon. J'aperçois même de nouveaux contours ici et là : des plantes dressées comme des arcs au milieu de nulle part, des lianes épaisses qui me semblaient ne pouvoir exister que dans les contes, des masses mouvantes et intrigantes, enchevêtrées dans un entrelacs de racines qui sortent de terre. Probablement des animaux. Ou des serpents. J'espère juste que ces bêtes rampantes ne sont pas venimeuses !

Au bout d'un temps, je vois au fond d'un sentier une lumière. D'abord fébrile et vacillante, elle est de plus en plus claire et rayonnante. Mais plus je me rapproche, plus je constate que ce n'est pas une lumière. C'est un feu. Un feu au fond d'une anfractuosité dans un rocher. Heureuse de voir une vraie source de chaleur, je pense m'y rendre lorsque le craquement d'une branche, à quelques centimètres derrière moi, me fait sursauter. Je me retourne et reconnais aussitôt deux petites fentes brillantes perdues dans la nuit que j'avais déjà longuement vues dans de nombreux rêves.

À une différence près : les deux yeux qui me font face, ce soir-là, ne sont pas amicaux.

De toute évidence, je ne suis pas la bienvenue.

Pas du tout.

LES YEUX D'HÉLIO redevinrent durs et acérés. L'hypnose qu'il venait de pratiquer avec Hector avait sans doute été trop douce et il n'ignorait pas qu'il fallait parfois être plus ferme avec certains patients pour éviter que ces derniers ne se laissent happer par l'intensité des émotions qu'ils subissaient lorsqu'ils étaient projetés en plein état modifié de conscience. Il fixa donc le corps de l'écrivain en le tenant par l'épaule, tout en lui confiant d'une voix grave :

– Résumons. Tu viens de vivre quelque chose de fort et d'inédit, mais tu ne le sais pas encore…

Hector Coiviel, encore sous le choc, le fusilla du regard :

– Tu te fous de moi, j'espère ?

– Tu le réaliseras plus tard quand tu auras toutes les cartes en main mais, pour le moment, tu es encore trop bouleversé pour comprendre ce qui s'est passé.

– Alors on arrête tout, s'il te plaît… C'était trop bizarre, je…

– Tu vas surtout m'écouter et ne pas perdre une miette de ce que je vais te dire…

Calmé par l'assurance sans faille du thérapeute, l'écrivain murmura un oui à peine perceptible.

– Sache, pour commencer, qu'il existe plusieurs types de voyages hypnotiques. Celui que tu viens de vivre a été comparable à un jeu vidéo. Tu as été face à un décor plus vrai que nature, surgi des tréfonds de ton inconscient… Mais je t'ai laissé toute latitude pour réagir comme tu le souhaitais. Tu comprends ?

– Je comprends.

– Dans celui que je m'apprête à te faire vivre, ça va être différent…

– Différent ? C'est-à-dire ?

La tension de l'écrivain était palpable. Hélio le rassura du mieux qu'il put :

– Ton état sera comparable à un plongeur explorant les fonds marins. Tu as déjà fait de la plongée sous-marine, je crois ?

– Deux ou trois fois, dans les îles, oui… Lorsque mon éditeur m'organisait des tournées pour que je parte à la rencontre de mes lecteurs francophones…

– Très bien. Je ne sais pas si tu t'en souviens, mais lorsque tu plonges en combinaison, tu peux entendre, une fois immergé, les voix des personnes qui sont restées sur le bateau. Bien qu'elles soient légèrement assourdies par l'eau, tu les entends très clairement, comme si elles provenaient d'un autre endroit, plus confiné. Tu peux également voir du dehors ces mêmes personnes te faire des signes. Leur geste de la main sera brouillé par le clapotis des vagues, ils n'en seront pas moins parfaitement visibles. Tu es donc tout à fait conscient de ce qui se passe… et pourtant, une autre partie de toi est complètement ailleurs. Sous l'eau, tu ne perçois pas les choses de la même façon : ton corps se meut en trois dimensions, tu sens tout ce qu'il y a autour de toi à 360 degrés…

– Et c'est ce genre de truc que je vais vivre, là, maintenant avec toi ?

– On peut dire ça, oui… Je vais t'emmener loin, très loin sous l'eau… beaucoup plus loin que la première fois en tout cas !

– Et c'est mieux ?

– Ni mieux ni moins bien, ce sera juste plus…

– Intense ?

Le thérapeute rectifia en faisant une grimace :

– Plus incontrôlable, je dirais ! En général, plus tu vas en profondeur et moins ton conscient maîtrise ce qu'il se passe…

– Et en quoi ça va m'aider ? Je ne comprends pas…

Il soupira.

– Pour faire simple, disons que cet état, lorsqu'il est ressenti en profondeur, est très libérateur. Il libérera le corps, qui se détendra et se nettoiera des contractions, des tensions et des nœuds qu'il aura créés à son insu. Il libérera aussi ton esprit, qui pourra s'exprimer en faisant abstraction des pressions sociales et personnelles... En état modifié de conscience, nos deux hémisphères cérébraux ne travaillent plus de la même façon – ce qui est prouvé, du reste, dans les dernières expériences utilisant l'imagerie cérébrale.

– Je me souviens de ça, oui, confirma Coiviel. En état modifié de conscience, l'hémisphère gauche se rééquilibre avec l'hémisphère droit, je crois. Il crée donc de nouvelles connexions et de nouveaux moyens de voir ou de sentir...

– C'est ça, oui ! Ces nouveaux liens te permettront également un meilleur rééquilibrage entre le corps et l'esprit, le conscient et l'inconscient. En étant hypnotisé de cette façon, tu donneras les moyens à ton inconscient, aidé du conscient, de retrouver toutes les ressources cachées qui sont en toi. Tu deviendras alors ton propre guérisseur, porté par ma voix, qui sera toujours là si tu as besoin de moi...

Ils se regardèrent un long moment jusqu'à ce qu'Hélio rompe le silence en demandant :

– Tu es prêt ?

– Je ne sais pas, je...

En moins de temps qu'il ne fallait pour réaliser ce qui se tramait, le thérapeute claqua des doigts devant les yeux d'Hector tout en lui disant à la vitesse de l'éclair :

– Dors !

Il lui poussa la tête de sa main droite tout en lui tirant brusquement le bras. Parallèlement, il lui fit faire de son autre main un mouvement de rotation, un mouvement qui ne dura pas plus que deux ou trois secondes.

– Ton sommeil est lourd, très lourd, dit-il lentement d'une voix ample. Tu es de nouveau un oiseau et tu te trouves au-dessus d'une forêt en pleine nuit.

Instantanément, l'inconscient d'Hector projeta l'image d'une forêt, belle et spacieuse, éclairée par une pleine lune de toute beauté.

JE TOMBE DES NUES.

Je croyais bien faire et je me retrouve comme si j'avais commis une faute impardonnable. Un silence de plomb s'installe lourdement entre lui et moi, un silence tout juste interrompu par le bruit d'un oiseau, un corbeau peut-être, rôdant autour de nous, au-dessus des arbres.

Je voudrais partir, fuir et ne plus jamais revenir mais je reste là, figée devant cette présence qui continue de me scruter. J'aimerais prendre du recul, réfléchir et mesurer la gravité de la situation mais rien à faire : mes pensées, que je croyais si aiguisées, m'échappent sitôt que je tente de faire le tri. Quant à mes émotions, je ne sens que la peur. Une peur sans nom et effroyable qui m'étreint jusqu'à me nouer le plexus, rendant ma respiration de plus en plus lente et difficile. Plus j'essaye de maîtriser mon souffle, plus une angoisse me broie et me tétanise, rentrant dans mon esprit et substituant mes plus beaux souvenirs par les images les plus horribles, accompagnées des sons les plus discordants.

J'ai ainsi des images, tout un flux d'images tournant autour de moi. Des images que je ne peux contrer et qui me picorent le crâne sans que je ne puisse rien faire, ni me défendre. Je vois une femme, une très belle femme, dont l'ossature semble s'être désarticulée. Elle est posée sur le sol et semble s'être jetée du haut d'un immeuble de cinquante étages. Ses jambes, emmêlées à ses bras, lui donnent l'allure d'un pantin grotesque qui me regarde méchamment en me lançant une bordée d'injures que je ne comprends pas. De son ventre, sort un bébé, ou plutôt ce qui reste d'un bébé, la peau craquelée et violacée. Je devine des traces de son squelette par les lambeaux de chair qui se détachent lorsqu'il vient vers moi pour que je le prenne dans mes bras.

Entre les insultes de la femme et les cris de ce bébé squelettique, j'entends une musique, qui aurait pu être belle mais qui semble interprétée par des musiciens qui ne joueraient pas ensemble. Ou qui auraient oublié d'accorder leurs instruments. C'est absolument insupportable. Je crois reconnaître les sons d'un orchestre et d'un piano mais ils sont déformés, comme s'ils étaient passés à la moulinette, tantôt ralentis et étirés à l'extrême, tantôt accélérés et rendus ridicules, à l'instar de ces bruits de cirque ou de fête foraine.

Je voudrais que ça s'arrête, je supplie cette présence qui me fait face que tout redevienne normal, mais il ne se passe rien et j'ai l'impression que je vais mourir ici, bêtement tuée par des idées. Sucée jusqu'à la moelle par une myriade d'images qui m'ont prise pour cible, j'ai le sentiment qu'on me vide de ma substance et qu'il ne restera de moi qu'une peau fripée. Un corps devenu tout mou et dont on aura pompé jusqu'à la dernière goutte l'énergie vitale.

Malgré le sentiment d'injustice que je peux encore ressentir, j'accepte mon sort comme une évidence… jusqu'à ce que la présence qui était face à moi me projette hors du sol en m'éloignant à une dizaine de mètres. Immédiatement, je me libère de ces vampires qui avaient failli m'avoir et retrouve ma respiration.

– CALME TA RESPIRATION, annonça tranquillement Hélio à Hector en se calant sur son souffle qui s'était accéléré. Inspire à pleins poumons par le nez, et expire de tout ton saoul par la bouche en laissant déballonner ce ventre qui s'était gonflé. Sache qu'il n'est pas *nécessaire que tu rentres dans un état modifié de conscience très profond* pour réaliser les miracles que tu crées en respirant correctement. En laissant l'air venir à toi, tu oxygènes ton sang, tu le purifies et tu le détoxines. Et en libérant ce dioxygène que tu comprimais à l'intérieur, tu donnes aux arbres et à la nature qui t'environnent les éléments nécessaires pour les aider à grandir et à pousser sereinement. Vous êtes, toi et la nature, comme les deux parties d'un tout formant cet ensemble encore plus vaste qu'est le cosmos… Vous donnant mutuellement ce dont l'autre a besoin, vous vous nourrissez l'un et l'autre, et vous pouvez vous faire confiance… Et c'est de cette façon que tu peux envisager cette forêt au-dessus de laquelle tu planes en totale liberté… Tu peux la voir, non pas comme une multitude d'arbres qu'on aurait plantés et alignés par hasard, mais comme un organisme vivant qui est comme toi, avec ses joies, mais aussi ses peurs et ses frayeurs…

En entendant ces derniers mots, le corps d'Hector se crispa jusqu'à se recroqueviller sur le rebord de sa chaise. Hélio enchaîna aussitôt.

– Il est tout à fait normal d'avoir peur de ses peurs, ce sont des choses qui ne sont jamais agréables à regarder… Mais ce ne sont, en soi, que des idées !

Le corps d'Hector se détendit un peu.

– Les idées, en elles-mêmes, n'ont aucune puissance. C'est l'attention et l'intention qu'on porte sur elles qui peuvent leur donner un certain pouvoir. Mais si on ne fait que les regarder, elles sont comme l'eau du ruisseau : elles coulent, elles passent et on finit par les voir s'éloigner, emportées par le courant…

Il laissa installer un silence pour donner le temps à la métaphore de pénétrer son esprit.

– Es-tu prêt à les considérer de la sorte, Hector ? Te sens-tu capable de voir partir toutes ces mauvaises ondes, emportées par le courant et l'énergie que tu auras choisi de développer ?

Moins marqués, les traits du visage de l'écrivain esquissèrent un léger rictus.

– C'est très bien, je suis fier de toi...

Dans l'inconscient d'Hector, les terribles images qui l'avaient assailli partirent au loin, comme des charognards trop fébriles qui n'auraient pas eu le courage de se lancer dans la bataille. La forêt au-dessus de laquelle il planait retrouva son étrange clarté, même si le point de vue qu'il avait sur elle n'était plus tout à fait le même que précédemment. Plus excentré, il ne s'était pas aperçu, dans la lutte contre ses idées sombres, que la trajectoire de son vol avait légèrement dévié, le projetant à la lisière d'un village à l'intérieur duquel il reconnut... une hutte.

Une petite hutte en torchis.

Il piqua droit sur elle et se posa sur le sol en quelques secondes, curieux de comprendre ce que cet habitat renfermait. La porte ouverte bringuebalant au gré du vent, il rentra, espérant dénicher quelques céréales, baies ou fruits que des hommes auraient ramassés et laissés par terre. Mais après une rapide inspection, il constata qu'il n'y avait en ces lieux rien de comestible. Un objet pourtant, assez différent des autres, retint son attention.

C'était une planche en bois où se trouvaient gravées de drôles de figures géométriques qu'il mit du temps à comprendre et à décrypter : la silhouette d'une jeune femme sommairement dessinée, une maison composée d'un carré et d'un triangle en guise de toit, une flèche en direction d'arbres, des arbres fourmillant de partout.

La personne qui habitait cet endroit était partie rejoindre la forêt, celle-là même où il était tout à l'heure, celle-là même d'où étaient sorties les idées contre lesquelles il s'était battu.

Il se réveilla en nage, épouvanté à l'idée de devoir les rencontrer de nouveau.

UN LONG MOMENT SE PASSE, où je ne parviens pas encore à discerner ce qui relève du vrai et de ce que j'aurais purement imaginé.

Ai-je bien vécu ce combat contre ces pensées ?

Quand les contours des êtres et des choses qui me font face finissent par devenir plus nets et consistants, je retrouve les deux yeux qui n'ont pas arrêté de me défier, à quelques mètres de moi. Ils expriment toujours de la colère mais je crois deviner, au fond de ces pupilles, une autre forme d'expression : de l'inquiétude ou quelque chose de ce goût-là. Comme si, plus que de me réprimander contre quelque chose que je n'aurai pas fait, l'être avait craint pour mon bien-être ou ma sécurité.

– Tu as été bien imprudente, jeune fille…

Je reconnais cette voix.

– Une imprudence qui aurait pu te coûter la vie…

À contre-jour, je ne parviens pas à clairement distinguer cet homme qui me sermonne, comme un père protecteur froncerait les sourcils devants ses enfants. Je le sens se rapprocher de moi et sa présence, d'une certaine manière, me réconforte. Après ce que je viens de vivre, elle m'assure d'une protection, quoi qu'il arrive.

– Pourquoi être venue si vite sans penser aux nombreux dangers que tu encourais ?

– Je ne sais pas, je… je pensais bien faire !

– Tu pensais bien faire ?

– Je croyais même que vous m'appeliez pour que je vous rejoigne le plus vite possible ! Je m'étais dit que vous seriez fier de mes progrès et de ma détermination !

Il est maintenant tout près de moi, fidèle à l'image que je m'en étais forgée. Je peux sentir son souffle effleurer mon visage et le bout de ses doigts me caresser le front.

– De la détermination ? Mais de quelle détermination parles-tu ? Celle de foncer tête baissée en ne prenant pas conscience du danger qui rôdait ? Celle de se perdre dans des exercices stériles et illusoires sans oser se poser une seule fois les bonnes questions ?

Je suis sidérée. De quoi parle-t-il donc ?

– Mais quelles questions ? Quelles bonnes questions aurais-je dû me poser ? Je pensais que c'était vous qui alliez y répondre, vous qui alliez m'éclairer ! À quoi aurais-je dû songer ?

– À ce qui est essentiel dans des moments comme celui que tu es en train de traverser, jeune fille…

– Qu'est-ce qui est essentiel ?

– Savoir qui on est.

Je reste abasourdie par une vérité aussi évidente.

– Savoir qui je suis ?

– Tu t'es démenée comme une diablesse pour agir, ce qui est louable. Tu as mis toute ton énergie dans ton savoir-faire, mais où est le reste ? Où sont les réflexions profondes qui te permettent de donner du sens à tes paroles et à tes actes ? Dis-le-moi…

– Je ne sais pas, je…

– Qui es-tu, jeune fille ?

Incapable de répondre, je sens que je tombe à l'intérieur de moi-même dans un puits sans fond.

– QUI ES-TU, HÉLIO ? Qui es-tu comme thérapeute pour me faire vivre un truc pareil ?

Il était hors de lui. Sa peau était moite, comme s'il venait d'accomplir un effort surhumain.

– Hector, qu'est-ce qui t'arrive ?

– Tu t'es bien foutu de moi…

– Hector…

– Tu t'es dit que me faire regarder une cabane vide près d'une forêt en plein hiver serait assez exotique pour me changer les idées ?

– Hector, je ne sais pas ce que tu as vu mais…

L'écrivain se replia davantage sur sa chaise en croisant les jambes et en se tenant la tête entre les mains.

– Hector, je ne sais pas ce que tu as vu, mais quelle que soit l'image que t'a envoyée ton inconscient, pour que tu l'aies vue aussi nettement, cela signifie forcément quelque chose, crois-moi…

Il le contempla, comme un moineau captif qu'on aurait pris au piège, et se mit à sa hauteur pour mieux tenter d'accrocher son regard.

– Écoute-moi… ce que tu as vu est exceptionnel. Jamais, en trente ans de pratique, je n'ai eu affaire à un patient aussi réceptif ! Il faut retourner sans plus tarder dans cette hutte, Hector…

– Pas question !

– Je comprends tes réticences, mais il y a sans nul doute, là-bas, un truc important… quelque chose qui s'y cache et que tu n'as pas vu… quelque chose qui pourrait…

– Je t'ai dit que je n'y retournerai pas !

Il se leva pour prendre son manteau en se dirigeant vers la sortie.

– Hector, je réalise à quel point tout ça doit te paraître bizarre et un peu fou… Peut-être même es-tu désarçonné par cette histoire qui ne ressemble à rien pour le moment. Mais les symboles que tu as vus ne mentent pas ! La forêt, dans le langage des rêves, symbolise la femme et son mystère, la mère primitive en quelque sorte… tout ce qui te relie à ton féminin, à ta part sacrée. Je suis certain qu'il y a quelque chose à débusquer derrière tout ça…

– Remballe ton jargon pour tes bonnes femmes, je pars.

Il ouvrit la porte pour sortir, mais il se fit rattraper au dernier moment. En bon expert, Hélio eut le réflexe de lui tendre un miroir, un tout petit miroir qui trônait là, près d'un buffet. Un vrai instinct de thérapeute qui savait qu'il jouait son va-tout.

– Hector, je t'ai connu à plein de moments de ton existence, je t'ai accompagné dans quelques-uns de tes hauts et aussi de tes bas… Tu as connu des moments terribles, j'en conviens, mais le Hector que j'aime et que j'apprécie a toujours su se relever et se retrousser les manches… Alors dis-moi ce que tu vois dans ce miroir, s'il te plaît… Son reflet est-il si gênant et intolérable au point de ne pas vouloir le défier une bonne fois pour toutes ? Tu l'as bien fait pour tes personnages quand tu écrivais tes histoires, non ?

– Avec mes personnages… Tu as vu où ça m'a mené !

– Qu'est-ce que tu vois dans ce miroir, Hector ?

– Rien.

– Je ne te crois pas, qu'est-ce que tu vois ?

– Rien, je te dis !

– Fais mieux que ça et arrête d'être dans le déni, tu veux bien ?

Il l'obligea à tenir l'objet entre ses mains.

– Je ne suis pas dans le déni !

– Je crois que si, Hector. Tu te barricades à double tour pour éviter d'avoir à affronter tes démons, mais ce que tu as vu tout à l'heure dans la neige pendant la séance te prouve que ce temps est révolu. Alors je te repose ma question : qu'est-ce que tu vois de si terrible devant cette glace pour ne plus vouloir te confronter à ce qui te gêne ?

Malgré lui, il finit par replonger son regard dans le miroir en s'adressant à lui-même un sourire triste. Il y avait dans ce sourire une grande douceur. De la tendresse presque. Tout un pan de sa personnalité qu'il avait masqué pour ne pas souffrir et se laisser vampiriser par ses souvenirs.

– Je vois un raté, dit-il enfin en balbutiant. Un raté qui n'a pas su protéger sa femme et son enfant. Voilà, tu sais tout.

Il hocha les épaules un bref instant, comme s'il s'était senti honteux de la confidence qu'il venait de faire. Il reposa le miroir sur le buffet et, sans un mot de plus, se blottit contre l'épaule d'Hélio pour pleurer et libérer ce qu'il contenait depuis si longtemps.

QUI SUIS-JE ?

Je croyais avoir tout fait dans les règles de l'art, mais pas un instant cette épineuse question ne m'avait effleuré l'esprit. J'ai cherché dans le tréfonds de moi-même des ressources insoupçonnées pour me battre et ne pas végéter dans un lit qui attendait ma mort, j'ai essayé de me perfectionner dans l'art du voyage mental en utilisant des techniques pointues de décorporation, je me suis battue de toutes les forces qui me restaient pour rejoindre un homme que je ne connaissais pas… et je ne me suis même pas intéressée une seule seconde à qui je pouvais bien être en tant qu'individu !

Qui suis-je ?

Qui étais-je avant de me réveiller au début de cette histoire ? Une exploratrice qui est allée au-delà de ses limites en voyageant vers des terres trop rudes et trop hostiles ? Une autochtone du coin qui a cherché à fuir un proche qui lui aurait fait du mal ? Ou bien, à en croire les indices que m'a laissés mon esprit, ai-je été une épouse courageuse qui est partie à la recherche de son mari écrivain ?

Mon « chamane », qui a sorti d'un sac une vieille gourde en forme de poire, verse de l'eau dans un récipient en bois qu'il me tend pour que je me désaltère. Je l'attrape d'un geste et bois une telle gorgée qu'elle finit par me faire tousser. Il sourit de ma précipitation et me dit d'un ton plus doux, comme s'il voulait que j'entre dans ses confidences.

– Ton comportement, à plein d'égards, a été celui de la jeunesse, jeune fille…

Je le laisse me parler, baignée par l'éclat d'un soleil qui commence tout juste à se lever.

– Une jeunesse qui cherche toujours à fuir quelque chose : fuir ses parents pour se sentir libre, fuir la solitude pour éviter de se confronter à soi-même et à ses responsabilités…

Il regarde au loin, comme moi, le lever du jour qui point à l'horizon.

– Combien de jeunes individus, à peine devenus adultes, cherchent ainsi leur moitié dans leur quête amoureuse, sans avoir tenté de conquérir la propre moitié qui était déjà en eux ? Dans ces conditions, dis-moi comment trouver la personne qui saura t'aimer si tu n'as pas au préalable essayé de comprendre qui tu étais au fond de toi-même ?

Je hoche la tête en guise d'assentiment mais tout ceci, bien que très juste et très profond, ne m'aide pas trop à comprendre ce que je dois faire. Je lui redemande donc d'un ton plus posé :

– Alors dites-moi ! Qui suis-je ? Vous avez l'air de savoir tant de choses…

Comme je le craignais, il ne me répond pas mais me fixe de façon plus intense en remplissant de nouveau d'eau le récipient dans lequel je venais de boire. Il me force à le prendre de mes deux mains et me fait regarder la nouvelle eau claire.

Au début, je ne comprends pas où il veut en venir, mais en considérant mieux le gobelet en bois qu'il m'a tendu, un détail me saute aux yeux.

Je vois mon reflet.

Et la personne qui m'est renvoyée n'est pas la jeune fille que je croyais être. C'est un homme, déjà plutôt vieux, qui ressemble d'assez près à un écrivain.

Celui que j'avais déjà vu dans mes songes en train de pleurer.

IL PLEURA. Un long moment.

Il pleura chez Hélio, chez lui, chez son médecin et chez toutes celles et ceux qui daignaient encore l'accueillir. En vérité, ils n'étaient plus si nombreux que cela. Il avait tellement cru que ses relations n'étaient en rien liées à ses succès de librairie qu'il avait fini par confondre les amitiés durables et les conversations d'un soir.

Il savait, par habitude, que lorsque les personnages de ses anciens romans étaient plongés dans une situation comme celle dans laquelle il se trouvait, il y avait toujours quelque chose, un petit rien, un coup de fil, un signe du destin qui murmurait que non, ce n'était pas fini, que les choses allaient s'arranger et qu'il croiserait de nouveau, tôt ou tard, le chemin du bonheur.

Mais les livres et la vie n'avaient en fin de compte pas grand-chose en commun. Les histoires vendaient toujours la résilience d'un héros qui comprenait tout de ses erreurs une fois touché le fond. La vie, elle, se chargeait bien de vous enfoncer jusqu'au cou et de vous regarder vous démerder sans promesse de lendemains qui chantent et sans garantie de seconde chance au bout du tunnel. Ça, on pouvait en être certain !

Il devait tout brûler. Brûler ses livres. Mettre en cendres ses mensonges qu'il avait tissés durant des années en donnant aux gens de faux espoirs.

Certes, il accuserait le coup en regardant son travail partir en fumée, mais il valait mieux vivre figé dans ce que l'existence avait d'horrible, que de se retrouver perché dans un bonheur illusoire qui finirait obligatoirement par nous décevoir.

Il prit donc une grande décision. Il appela un matin une société qui louait à la journée des fourgonnettes et embaucha quelques ouvriers pour vider de fond en comble sa bibliothèque. Il jeta à la benne à ordures tout ce qu'il avait écrit, y compris les ouvrages les plus rares qu'on lui avait offerts lors de ses tournées, de foires aux livres ou de ses différentes conférences organisées en France ou ailleurs dans le monde. La traduction en anglais de *Dans les étoiles*, son premier roman à succès, finit à la poubelle. *La Nouvelle Elvire*, le conte qu'il avait dédié à sa fille dans un journal pour enfants, connut le même sort. Et il en fut de même pour toute une série d'autres livres : un exemplaire dédicacé par Bernard Werber, son écrivain modèle, des propositions de couvertures de quelques-uns de ses romans pour plusieurs formats de poche dessinés par sa femme, lorsque celle-ci était encore en vie…

Hélio Cricevot lui avait bien dit qu'il ne se limitait pas à ses écrits : il n'était pas qu'un tas de livres ayant tous plus ou moins bien marché. Il était aussi un tas d'autres choses et c'était vers ces autres choses qu'il fallait se diriger pour apprendre à se repenser et se recréer une identité. Hector connaissait par cœur ce charabia de psychologue. Il en avait concocté du même acabit pour plusieurs de ses personnages secondaires dans certaines vieilles intrigues. Une autre époque. Il savait cependant que c'étaient les choses que l'on sortait dans ce genre de circonstances. Il se doutait, en tout cas, que c'était ce qu'allaient lui dire les rares personnes qui ne lui avaient pas encore tourné le dos. Mais il lui semblait que ces mots-là avaient comme un goût de carton-pâte, un sens prémâché qu'on sortait en chaque occasion, dès qu'une personne ne se sentait pas bien.

Lui n'allait pas simplement « pas très bien ». Il était au bord du gouffre ! Il aurait voulu que le monde se préoccupe de lui, que ses anciennes admiratrices le supplient de reprendre la plume pour raconter quelques bonnes histoires. Il aurait voulu que les gens réalisent, après coup, qu'ils s'étaient trompés. Ce qu'écrivait Coiviel n'était pas destiné aux prix littéraires et académiques, mais lui, au moins, avait le mérite de parler à tout le monde, sans distinction d'âge, de race ou de religion. En répétant à l'envi les mêmes canevas, il ne reproduisait pas qu'un modèle qui l'assurait à chaque fois d'un nouveau succès. Non. En répétant toujours les mêmes choses, il rassurait son lecteur. Il le cajolait et il le bichonnait, l'enveloppant par ses mots à l'intérieur d'un monde dans lequel chacun pouvait se retrouver. Un peu comme ces retraites que font des pèlerins dans de vieux monastères pour goûter au silence et aux plaisirs de la solitude.

C'est dans cet état d'esprit qu'il avait commencé les chemins de Saint-Jacques-de-Compostelle pour les besoins d'une émission de télévision, il y a cinq ou dix ans. Une anecdote amusante lui était arrivée et il s'était promis, sans tenir sa parole, qu'il la ressortirait un jour dans un récit.

Perclus d'ampoules et de douleurs lombaires, il avait souhaité alléger son sac à dos au bout du quatrième jour de son pèlerinage en constatant qu'il avait bien mal préparé ses affaires. Le guichetier de la poste d'Aumont-Aubrac lui avait jovialement proposé de rapatrier une partie de ses vêtements, non sans lui confier que c'était précisément sur son lieu de travail que les marcheurs désiraient le plus se délester de quelques affaires. Intrigué, Hector s'était empressé de savoir pourquoi. Le fonctionnaire lui avait répondu, d'un air goguenard :

– Les pèlerins emportent toujours trop d'affaires ! Ce n'est qu'au bout de trois ou quatre jours qu'ils réalisent qu'ils portent trop de choses et qu'il faudra passer par la poste pour alléger les pieds et éviter les ampoules.

La métaphore était jolie : pour avancer, il faut se débarrasser du superflu et ne garder que l'essentiel.

En serait-il de même en brûlant tous ses livres ?

PAR RÉFLEXE, je détourne mon regard du récipient.

– C'était quoi, ça ?

Je me touche, presque malgré moi, pour en avoir le cœur net. Je suis une fille, cela ne fait aucun doute.

Mes cheveux, longs et délicats, ma poitrine, mon bassin, mon sexe, mes jambes, mes bras, mes mains, j'ai le corps d'une femme, je peux le certifier. Alors quoi ? Aurais-je encore été victime d'une hallucination ? J'ai du mal à y croire…

– Qu'est-ce que j'ai vu au fond de ce truc ?

– Toi, juste toi, me dit-il en souriant.

Je le jauge un temps pour vérifier qu'il ne se moque pas de moi.

– Moi ?

– Cet homme que tu as vu au fond de ce verre…

– Eh bien ?

– C'est celui qui est en train de te rêver.

J'encaisse la remarque en essayant de comprendre.

– Vous voulez dire que…

– Que tu es un rêve, oui.

– Je ne suis pas réelle ?

Il fait une moue pour me montrer sa désapprobation.

– Qui t'a dit que tu n'étais pas réelle ?

– Vous venez de dire que j'étais le rêve de cette personne…

– En quoi cela fait-il de toi une personne fictive ?

– Jusqu'à preuve du contraire, le rêve, c'est quelque chose de faux, qui ne repose sur rien de concret…

Il secoue la tête en mettant son propre index devant sa bouche pour m'inciter à me taire, mais le choc de ses révélations me met dans une colère si noire que je ne parviens pas, comme je le désirerais, à contrôler mes émotions.

– Je suis désolée mais un rêve, ça ne s'attrape pas ! Ça se dérobe au rêveur dès que ce dernier sort de son lit ! Un personnage de rêve, à ma connaissance, n'a encore jamais influencé quoi que ce soit… encore moins la réalité !

– Tu n'as aucune connaissance de quoi que ce soit, jeune fille, et tu vas gentiment m'écouter…

Il a retrouvé des yeux perçants et autoritaires, ceux que je connaissais au début de notre rencontre. Ce regard impitoyable m'ôte immédiatement toute envie de jouer à la rebelle ou à celle qui aurait à soumettre quelques revendications.

– T'est-il déjà arrivé de rêver à des choses tristes, à des choses vraiment tristes, je veux dire ?

– Oui, bien sûr, comme tout le monde !

– Et t'es-tu aperçue, en te réveillant, que ces rêves tristes avaient fait couler le long de tes joues une ou deux larmes ?

– Oui, je suppose…

– Ces larmes étaient-elles fausses ou synthétiques ?

– Non, c'étaient les miennes !

– Les tiennes ?

– Je veux dire, c'étaient des larmes, de vraies larmes qui…

Je m'interromps au milieu de ma phrase. Je vois très bien où il veut m'emmener. Il m'a bien eue. Je le regarde exulter.

– Et ces autres rêves, plutôt comiques cette fois, ces autres rêves où ton inconscient te projetait des formes absurdes, des scénarios bizarres et des idées inédites, te provoquaient-ils de faux rires lorsque tu dormais ?

– Je ne sais pas, mais…

– Les gloussements que tu faisais devant tant d'étrangeté et de facéties, les yeux fermés, c'était du vent ?

– Écoutez…

– Et que dire des rêves sulfureux qui t'ont été envoyés pour te montrer les corps de beaux garçons…

– C'est bon, je crois que j'ai compris…

Il poursuit son raisonnement en faisant semblant de ne pas m'avoir entendue.

– Ne créaient-ils pas, au fond de toi, une réelle chair de poule ? De délicieux et troublants frissons ?

– Ça va, je vous dis, j'ai compris !

Il rit de bon cœur, insensible à ma détresse.

– Alors si tu as compris, retiens bien ceci : les rêves sont des produits de ton esprit souvent plus vrais que la réalité elle-même…

– Et pourquoi donc ?

– Parce que la vie d'une personne se teinte des couleurs – de toutes les couleurs – de son imagination. En réalité, les idées et sensations que mettent en scène les rêves sont si fortes et si puissantes qu'elles se projettent proportionnellement à la force de celui qui les a conçues. Elles frappent là où le cerveau les envoie, par une loi mathématique, comparable à celle qui pourrait régir la projection d'un boulet. Paracelse, un célèbre médecin alchimiste de la Renaissance le résumait en ces propres termes : « Ce que montrent les rêves est l'ombre d'une sagesse qui existe en l'homme, même si à l'état de veille il n'en a nulle connaissance… Nous n'en savons rien, parce que nous perdons notre temps avec des choses extérieures et périssables, et nous sommes endormis quant à ce qui est réel en nous. »

– Vous voulez dire que je suis tout aussi réelle que cet écrivain pleurnichard qui est en train de me rêver ?

– D'une certaine façon, oui.

– Mais pourquoi avoir choisi une jeune fille dans chacun de ses rêves dans ce cas ? Il doit y avoir mieux pour symboliser les inquiétudes d'un vieux monsieur qui n'arrive pas à écrire…

– Pourquoi, selon toi, n'arrive-t-il plus à écrire ?

– Je ne sais pas…

– Devine…

J'essaye de réfléchir, mais je me retrouve face à un mur. Comme si les nouvelles perspectives que l'on me lançait depuis quelques minutes m'étaient imperméables et étrangères.

– Tu es sa part féminine, me réplique-t-il alors en me regardant me dépêtrer. Jusqu'à récemment, il se contentait de ressasser son malheur en le dupliquant à l'infini avec les mêmes histoires qu'il racontait dans ses bouquins. Mais depuis ton réveil dans la neige, au milieu de nulle part, quelque chose en lui a dû bouger. Il a senti qu'il ne pouvait plus vivre comme le jouet d'une mécanique qu'on aurait réglée derrière son dos. Il s'est donc débarrassé de la projection qui nourrissait ses précédents rêves, il l'a transformée en une jeune fille coriace et prête à survivre, même en milieu hostile, et il l'a laissée se débrouiller pour voir ce que cela donnerait…

– Et qui était donc cette ancienne projection ?

– Sa fille, bien sûr.

– Sa fille ?

Je reste hébétée.

– Tu apprendras bien assez tôt ce qu'elle est devenue, et ton rôle pour l'aider à se réconcilier avec elle aura une importance considérable... surtout lorsque tu réaliseras le danger de mort que tu as frôlé tout à l'heure avec les Idées ! Il te reste encore tellement de choses à accomplir, jeune fille...

– Il me reste des choses à accomplir ?

En guise de réponse, il me montre du doigt le sentier sinueux que j'avais emprunté avant de me faire attaquer par ce que je n'arrive pas à nommer autrement que des « idées ». De très sombres idées qui ont bien failli m'avoir et faire de moi un être errant, dépossédé de son âme et de l'énergie qu'elle contient. Tout au fond, je revois le feu qui m'avait tant questionnée lorsque je l'avais vu pour la première fois.

Un feu très pâle et vacillant.

Sans mettre de mots, je sens que ce feu-là a une importance capitale dans ce qui me relie à cet écrivain dont l'identité vient de m'être dévoilée. J'ai l'impression que la survie de ce feu est essentielle. Essentielle à ma propre survie.

Et à celle de ce quasi-inconnu qui est là, quelque part, en train de me rêver.

FINI DE RÊVER.

Fini de croire aux morales sucrées et rassurantes qu'il écrivait du temps où il se croyait irrésistible.

Il fallait que ça bouge. Que ça change.

Brûler ses livres ne devait être qu'un début. Une transition qui lui permettrait d'aller jusqu'au bout de son processus de décrassage. Et pourquoi pas en rasant tout ? Vendre ses biens, virer à la déchetterie les vieux meubles qui lui rappelaient constamment sa vie d'avant, donner ses sous aux associations et organisations caritatives.

Après tout, ce n'était pas la misère qui manquait en ce bas monde. Quitte à servir à quelque chose, autant se rendre utile en donnant ce qu'on a de mieux. On n'attendait pas ses qualités morales ou ses talents d'artiste. De lui, on attendait des biens et de l'argent. Chacun son domaine de compétence.

En cherchant çà et là, et en demandant conseil à quelques anciens collègues qui parrainaient des fondations, il tomba par hasard sur une structure basée en Sibérie. Forte de plus de vingt ans d'expérience, elle proposait une aide financière au peuple nganassane, principalement réparti dans le centre et la moitié nord-occidentale de la péninsule du Taïmyr. Subissant de plein fouet la mondialisation sauvage et le réchauffement climatique, les jeunes Nganassanes, aujourd'hui, préféraient partir en ville gagner de l'argent, au risque de ne plus jamais revoir toute la beauté des paysages de leur région, pourtant berceau du chamanisme. Victimes d'intérêts pétroliers de plusieurs multinationales, ces habitants étaient de plus en plus invités à aller voir ailleurs, tiraillés entre le besoin financier et leur désir de perpétuer les traditions multimillénaires de leurs aïeux. Ces dernières années, seule une centaine de personnes vivait encore dans la toundra, subsistant de la chasse et de la pêche, sur le cours supérieur du fleuve Doudypta. Pour les soutenir, l'association qu'il avait choisie proposait des séjours aux Occidentaux afin de les initier aux joies de la vie nomade et elle créait également des infrastructures (comme des écoles et des bibliothèques) pour encourager la génération montante à immortaliser ce précieux savoir, accumulé depuis des siècles par leurs ancêtres.

Sans qu'il ne réalise trop bien pourquoi, Hector savait qu'il avait œuvré là pour la bonne cause : créer des écoles pour des enfants, faire perdurer l'art chamanique à travers les siècles, un art dont il s'était beaucoup servi lorsqu'il écrivait toutes ses histoires. Ces nombreux combats étaient une bonne manière de poursuivre ses idées, celles qu'il menait auparavant, mais d'une autre manière.

En son for intérieur, il aurait aimé que les choses se passent autrement, mais ce qui était écrit ne pouvait plus se modifier, il fallait en accepter le jeu, c'était ainsi.

Il médita un moment sur ces pensées puis, plutôt que d'ajouter de la lourdeur à ce qui lui pesait déjà, il se perdit dans les images de la taïga que lui offraient les différents moteurs de recherche.

Ce qu'on lui montrait, ces arbres nacrés de blanc projetés dans un ciel à couper le souffle, était un spectacle confondant de profondeur et de beauté.

IL ÉTAIT BEAU CE FEU.

Voilé par la nacre que projetaient sur lui les nombreux arbres qui le cernaient de chaque côté, il vacillait au gré du vent, comme une étincelle humide entourée d'ombres.

De loin, il paraissait si faible et si fragile. Vivait-il là ses dernières heures ?

– Ce feu que tu contemples... me dit-il enfin, c'est le feu sacré de ton rêveur.

– Le feu sacré ?

– Son énergie vitale, si tu préfères...

– Mais... il est en train de mourir !

– C'est bien là le problème, me répond-il en se relevant.

Je le suis à la bordure d'une forêt, à quelques centimètres du chemin nous menant vers l'endroit où nos deux regards sont rivés.

– L'homme qui te rêve a perdu ses joies, jeune fille. Tout semble l'abandonner : son élan, ses fougues, ses passions…

– Je ne vois pas trop où est le problème. Si ce feu est si mal en point, je n'ai qu'à ramasser deux ou trois branches et le raviver en le suivant de près !

– C'est que ce feu ne se laissera pas aussi facilement approcher que tu l'espères.

– Je ne comprends pas.

– Tu ne te souviens donc pas des idées qui t'ont agressée ?

– Bien sûr que je m'en souviens !

– Si je ne t'avais pas tirée de là, tu ne serais plus ici…

Je recule d'un pas, épouvantée à l'idée de devoir affronter de nouveau de telles projections.

– Quelque chose m'échappe… Ces idées-là seraient prêtes à m'empêcher de nourrir ce feu ?

– C'est exactement ça.

– Quel est l'intérêt ?

– L'intérêt d'aller mieux.

– D'aller mieux ?

– C'est dur à comprendre, mais l'être humain a toujours eu peur d'évoluer. Pour progresser et gagner en force, il sait qu'il doit opérer un travail intérieur, généralement long et exigeant. Il doit apprendre à ne pas dépendre du regard des autres, ne pas se reposer sur ses acquis…

– Et pour s'éviter tous ces désagréments, des Idées venues d'on ne sait où mettraient tout en œuvre pour le faire mourir ?

– C'est à peu près ça.

– Mais c'est grotesque !

– Aussi grotesque que ne pas vouloir affronter ses peurs, tu peux me croire.

– Moi, je peux affronter mes peurs.

– Toi, peut-être, mais lui ?

Il me désigne le verre en bois, laissé par terre, dans lequel j'avais vu le reflet de l'écrivain.

– Pour ne pas avoir à recroiser ses souvenirs, sais-tu ce qu'il a fait ? Sais-tu ce qu'il a évité pour ne pas avoir à subir les affres de son passé ?

– Non, je ne sais pas…

Pour mieux faire le point, je redirige mon regard vers ce feu qui me semble avoir encore un peu plus faibli.

– Vous voulez que j'aille vers ce feu, c'est ça ? Que je combatte ses peurs à sa place ?

– Pas à sa place, tu es une partie de lui, je te rappelle ! Ses peurs sont aussi les tiennes…

– Mais si je n'y arrive pas, si elles me pompent mon énergie, comme elles l'ont fait la toute première fois, qu'est-ce qu'il risque de m'arriver ? Vous m'aiderez de nouveau, comme vous l'aviez déjà fait auparavant, n'est-ce pas ?

Il hoche la tête par la négative.

– Mais pourquoi ?

– C'est ton combat, jeune fille, pas le mien.

– Je risque de mourir si je le perds !

– Tu risques aussi de mourir si tu ne fais rien. Certaines batailles doivent se mener seul, tu es en mesure de le comprendre.

– Je ne veux pas mourir !

– Moi non plus, je ne veux pas que tu meures.

– Alors combattez avec moi.

– Ce n'est pas possible.

– Vous disiez il y a deux minutes que je ne savais rien.

– Tu en sais assez pour reconnaître que j'ai raison. Que dirait-on de toi si je portais à ta place tes propres douleurs ? Comment pourrais-tu les combattre si je t'ôtais la capacité de les ressentir viscéralement au plus profond de toi-même ?

Je réprime à grand-peine les larmes qui me montent aux yeux en imaginant les supplices que je vais devoir revivre. Prendre le risque de mourir, après avoir vécu tout ce que j'ai enduré, me paraît vain et totalement stupide.

– Je serai toujours près de toi, me murmure-t-il au creux de l'oreille. Toujours.

– Je suis vraiment obligée d'aller là-bas ?

Comme seule et unique réponse, le feu me renvoie un gémissement craintif, comme si ces flammes m'envoyaient un douloureux appel à l'aide.

VENIR EN AIDE AUX GENS qui souffrent remplit son temps libre un bon moment. La nuit, il fit des maraudes avec les sans-abris et autres laissés-pour-compte, en donnant des repas et des couvertures. Il œuvra dans un centre de soins palliatifs auprès des enfants malades en leur racontant des histoires et en jouant avec eux. Il accompagna également des personnes handicapées en faisant du brancardage dans des lieux saints. Très vite, les moindres recoins des villes de Lourdes, La Salette, Ars ou Paray-le-Monial n'eurent plus aucun secret pour lui. Il accomplit tout un tas de belles actions et plusieurs de ses formateurs qui l'avaient préparé à ces différentes tâches louèrent unanimement ses qualités d'écoute et son grain de voix, toujours paisible et rassurant.

À force de côtoyer la misère et de ressentir dans son corps ce qu'éprouvaient les plus démunis, il s'était dit qu'il finirait bien par avoir un déclic, un moment clé qui le transfigurerait, comme le Christ sur le mont Thabor tout près du lac de Tibériade dans les Évangiles.

Non seulement cette révélation tant attendue n'arriva pas mais le surplace dans lequel il se trouvait embourbé lui rappela ses premières intentions d'en finir au plus tôt avec la vie.

Les miséreux qu'il avait côtoyés étaient plus heureux qu'il ne le serait jamais, se contentant d'un bout de pain, d'un sourire ou d'un rayon de soleil. Lui sentait que son bonheur était dépendant de l'admiration qu'il suscitait. Ce bonheur-là, il l'avait touché, effleuré même lorsqu'il était au faîte de sa gloire… et un sourire ou un rayon de soleil ne changeraient assurément rien à l'affaire. Dur d'apprécier les joies d'une jolie piscine municipale lorsque l'on a connu toute sa vie les eaux limpides d'une crique à Hawaï ou sur une île déserte.

Il se détestait de penser ainsi. C'était évidemment vil et méprisable. Mais en franchissant ce point de non-retour, il lui sembla que le peu d'humanité qui lui restait venait de partir en fumée. Pire. En se haïssant de la sorte, il se trouva même illégitime de donner de l'amour. Comment oser en donner si de la source originelle auprès de laquelle on s'est posé ne jaillissait qu'une eau croupie, composée de rancœurs, de regrets et de déceptions ? En donner, c'était prendre le risque de contaminer ses pairs. Et s'il se méprisait au plus haut point, il avait encore suffisamment d'estime et de compassion vis-à-vis de ses semblables pour ne pas les intoxiquer de ses humeurs nuisibles.

Il devait donc mettre fin à ses jours.

En procédant de la sorte, il débarrasserait la société de ce mal nocif qui était en lui, comme les héros de ces tragédies grecques qui se persuadent que la mort est la seule issue possible pour purger les hommes de leurs mauvaises passions.

Son monde intérieur était en cendres, un monumental champ de ruines. Il le rejoindrait bientôt pour y faire fleurir sa pauvre dépouille.

AU DÉPART, je ne remarque rien de particulier. Le vent, du haut des arbres, gémit comme une âme en peine. Une odeur de résine, assez marquée, flotte dans les airs. Cette odeur est si forte qu'elle me paraît s'incruster dans les moindres parcelles de cette étrange pellicule cendrée recouvrant les lieux.

J'en profite alors pour me baisser et ramasser des branches. Je les sangle derrière mon dos à l'aide d'une liane coupée en deux, ramassée par terre.

En me relevant, j'inspecte de nouveau les environs. Rien. Pas même un souffle.

Le calme avant la tempête ?

Le feu que je souhaite raviver n'est qu'à une dizaine de mètres de moi. Il est bien pâle et fait peine à voir. Si une flamme, minuscule, ne dansait pas encore timidement vers le recoin d'un tas de bois, je le croirais mort.

Je décide donc d'accélérer mon allure, mais je constate, comme je le redoutais, que quelque chose dans la nature s'est modifié. Ce n'est pas flagrant ni quantifiable, mais c'est bien là.

Je le sens.

Le silence qui m'environnait devient lourd et pesant. L'air que je respire est également plus chargé, saturé d'ondes et d'électricité. À chaque fois que j'inspire, j'ai l'impression d'inhaler de vieux filaments, comme des fibres flasques et filandreuses qui me colleraient ensuite au cœur et aux poumons. Pour mieux me ficeler et me broyer plus tard ?

L'image de mes organes implosant me fait si peur que je la chasse du mieux que je peux en agitant les bras. Pour me donner du courage, je me retourne en espérant croiser le regard de mon chamane, mais il n'est plus là. Plus dans ce monde visible en tous les cas.

Je décide de poursuivre mon chemin et c'est là, à cet instant, que je commence à les sentir.

Les idées. Les terribles idées qui allaient sans nul doute m'assaillir et se jeter sur moi.

Au début, ce ne sont que des caresses, des préludes mous et insipides pour m'appâter ou endormir ma méfiance. Mais rapidement, les caresses deviennent des morsures. Je finis par entendre dans ma tête des insultes sur mon physique ou des paroles dévalorisantes sur mes défauts ou ma personnalité.

Des images, d'abord minuscules, m'apparaissent, plantées dans la rétine. J'y vois des souvenirs vaguement inquiétants, comme ce moment où, tout bébé, je faillis me noyer après une minute d'inattention de mon entourage. Je revois ma mère, elle aussi ancienne artiste reconvertie dans la publication d'ouvrages de luxe, se moquer de mes dessins d'enfants et de mes créations manuelles. Me retrouver si petite face à cette adulte, sûre de sa force et de son pouvoir, me dévaste et me donne envie de pleurer. Nous ne jouons pas à armes égales ! Elle, elle a les mots et son expérience, moi, je n'ai que les bribes d'un langage inconnu et de pathétiques gloussements pour exprimer mon mécontentement, ce n'est pas juste ! Cette impuissance me tord le ventre.

Puis les images se mettent à grossir. Plus je marche et plus il me semble que je passe à travers des murs. Les souvenirs sont à chaque fois plus nets et les sensations plus insupportables.

Je revois cette journée où tout a basculé.

La belle femme aux airs de pantin désarticulé, celle que j'avais vue la première fois en croyant qu'elle était tombée d'un immeuble de cinquante étages, refait soudainement son apparition. Comme une vieille bête traquée, elle me griffe par derrière, probablement pour m'intimider.

Dès que je me retourne, elle se replie aussitôt, sans cesser de me fixer. J'ai beau me dire que ce n'est là qu'une projection qui m'est envoyée par l'inconscient de mon écrivain, elle est quand même sacrément repoussante ! Qui est-elle donc ? Pourquoi tant de haine à mon égard ? Me griffera-t-elle à nouveau ? Son corps flasque et disloqué lui donne l'allure d'une araignée tant ses bras accolés à ses jambes semblent se mêler et se rejoindre dans un entrelacs de fils. La voir de la sorte me donne envie de vomir, mais il faut que je continue, quoi qu'il m'en coûte.

J'essaye donc de faire le choix le plus raisonnable – l'ignorer et reprendre ma marche –, mais l'obscurité dans laquelle je me retrouve est tellement dense que je commence à ralentir.

Le sol que je foule devient poisseux et les attaques de mon adversaire, que je pensais avoir devancé, se réitèrent. La femme-araignée – je n'arrive pas à l'appeler d'une autre façon – ne me griffe plus, elle me lacère la peau du bout de ses membres, striant mon corps de grosses marques noires jusqu'au niveau de mon bas-ventre.

Faut-il à ce point préférer vivre dans l'obscurité pour m'empêcher avec tant de véhémence de ranimer quelques pauvres braises à l'agonie ?

La violence des coups portés est telle que je trébuche et tombe lourdement par terre, ne réalisant que trop tard mon incapacité à me relever. Qu'est-ce qu'elle m'a fait une fois encore ? M'a-t-elle inoculé un venin mortel figeant mes muscles et ma détermination ? S'est-elle assise sur moi de tout son poids pour mieux m'immobiliser ? Ou bien s'est-elle contentée d'enduire le sol de ce suc vénéneux qui me collait déjà les pieds lorsque je tentais de marcher ?

Quelle que soit la réponse, je sais que la mort qui m'attend risque d'être longue, cruelle et douloureuse.

Usant de mes dernières forces, je finis par m'extraire de cette glu visqueuse. Je rampe sur mes coudes, mais mon araignée, impitoyable, me ramène parfois à mon point de départ en me tirant vers l'arrière, comme une bête trop heureuse de jouer avec sa proie.

Je me serai au moins battue jusqu'au bout.

Jusqu'au bout, j'y aurai cru.

La dernière flamme de mon feu, elle, s'étiole péniblement, se transformant en une lueur bleuâtre qui rapetisse au fur et à mesure que je tente de me rapprocher d'elle.

L'ORGANISATION DE SON SUICIDE fut plus difficile à mettre en place qu'il ne l'avait d'abord imaginé. Les stratagèmes qu'il avait élaborés étaient fins et ingénieux, mais à chaque fois la peur d'avoir mal l'avait retenu dans son élan. Ses lectures universitaires auraient dû pourtant le mettre en garde. Kierkegaard, Schopenhauer, Merleau-Ponty, Dostoïevski, tous ces écrivains, à leur façon, avaient évoqué la peur de mourir. Dans *Les Possédés*, un roman de Dostoïevski qui avait laissé en lui une profonde empreinte, Kirilov, l'un de ses personnages principaux, ne disait-il pas :

« Ceux qui se tuent par folie ou désespoir ne pensent pas à la souffrance. Mais ceux qui se tuent par raison y pensent forcément » ?

Selon le héros russe, sans la souffrance et les préjugés, il y aurait davantage de suicides. Un très grand nombre, tous les hommes sans doute. Mais savoir à l'avance qu'ils vont souffrir les empêche de se tuer. Même quand on sait qu'il n'y a pas de souffrance, l'idée reste. Imaginez une pierre aussi massive qu'une maison qui tombe sur vous. Vous n'auriez le temps de rien ressentir, d'avoir vraiment mal. Eh bien, malgré cela, on a peur et on recule.

Il pensa donc à une méthode plus douce. Que pouvait-il se proposer de délicat et d'indolore ? L'un de ses écrivains préférés, le nouvelliste autrichien Stefan Zweig, avait mis fin à ses jours avec sa femme en ouvrant le gaz. Cela pouvait être intéressant… Mais la perspective de faire exploser tout le bâtiment avec une bombonne en mauvais état le fit reculer et réfléchir à d'autres options.

La strychnine dans du lait un matin au petit-déjeuner ?

Cela sentait le mauvais polar à des kilomètres. Se jeter sous un train alors ? L'idée était intéressante, mais le simple fait d'imaginer les équipes techniques de la police scientifique recomposer son corps, broyé et déchiqueté le long d'une voie ferrée, l'assura qu'il existait aussi des procédés plus propres et moins tortueux. Exit, donc, le revolver, le crash automobile, le hara-kiri, l'autostrangulation ou autres galipettes rocambolesques.

Restait la chute du haut de son immeuble de cinquante étages.

La douleur qu'il ressentirait lors de l'impact serait réelle, mais elle pourrait s'amoindrir s'il consommait juste avant jusqu'à plus soif sa vieille bouteille de whisky fumé – un Chivas Regal, 62 Gun Salut de vingt ans d'âge. Quant à l'aspect repoussant qu'il y aurait obligatoirement pour celles et ceux qui découvriraient son cadavre, il pourrait au préalable poser par terre une grande bâche bleue, celle qu'il avait utilisée en s'installant avec Cécile lors de leur dernier emménagement. Les gens qui le trouveraient là, au pied de l'immeuble, n'auraient plus qu'à le recouvrir.

Cécile…

Les quelques rares personnes qui s'attristeraient de sa disparition penseraient inévitablement au parallèle entre sa mort et la manière dont sa femme avait également mis fin à son existence… Cela était-il gênant ? Hector, pour sa part, y voyait plutôt une manière romantique de boucler la boucle, un clin d'œil tragique – mais sincère – qui le réunirait une dernière fois avec la personne qu'il avait le plus aimée sur cette terre. Avec Elvire.

Certains critiques, au cas où sa mort serait médiatisée, penseraient à cette scène de *Dans les étoiles*, l'un de ses romans qui avait le plus marché, où un adolescent désirait déjà mettre fin à ses jours du haut d'un immeuble. La première fois que Victoire avait lu le manuscrit, elle avait été choquée par ce passage. Sa mère – comme sa grand-mère après avoir enfanté – s'était tuée en se défenestrant, et l'idée qu'elle ait pu porter dans son ventre une pulsion aussi morbide lui avait fait croire que sa famille était maudite. Aussi, voir écrit par un de ses auteurs un événement qui lui rappelait presque en tout point ce que des membres de son entourage avaient vécu l'avait glacée. Impossible, après cela, de ne pas dire que les écrivains étaient une race à part. Une race composée d'êtres capables de se connecter aux différentes mémoires collectives dont l'âme de notre monde était imprégnée.

Un effet du syndrome d'Oscar Wilde dont il allait lui aussi être touché ?

Dans le brouillon qu'Hector avait fait en pensant à cet épisode, son personnage – qui s'appelait aussi Hector – se demandait du haut de son immeuble ce qui pouvait encore bien le retenir à la vie. Quels étaient ces petits riens qui viendraient à lui manquer s'il décidait sur un coup de sang de franchir le pas ? Il avait alors dressé une liste – liste qui fut souvent reprise par ses lecteurs dans de nombreux blogs et autres réseaux sociaux sous forme de citations ou de leçons de vie derrière des images de cartes postales, en compilant mentalement des joies toutes bêtes. Celles qu'on ressentait si on prenait la peine de réellement y penser.

Elles étaient nombreuses quand on y réfléchissait bien : l'odeur du pain grillé mêlée à celle du café, le matin au réveil. Toucher, caresser ou embrasser le corps de celui ou celle qu'on aime, sentir le soleil qui effleure notre peau lorsqu'on se promène dans la rue ou à la campagne, se réjouir de discuter et refaire le monde avec un(e) ami(e), déclarer son amour aux gens qu'on aime en leur offrant un livre, une fleur, un mot, un poème… ou en leur mitonnant de bons plats. Rire aussi. Contempler le ciel et les constellations les soirs d'été, se réchauffer près d'un poêle, l'hiver, après une longue et belle balade sous la neige…

Les petites joies de la vie ne manquaient pas. Mais à quoi bon les vivre lorsque nous n'avions plus personne avec qui les partager ?

C'était décidé. Demain, il irait fixer sa bâche bleue au milieu de la nuit au rez-de-chaussée de son immeuble, il prendrait ensuite ce vieux whisky en le dégustant comme il se devait au dernier étage, tout en admirant une dernière fois le ciel et sa voie lactée. Ensuite – sauf un ultime signe du destin qui lui dirait que son heure n'était pas encore venue – il se jetterait dans le vide pour aller rejoindre sa femme et sa fille qui l'attendaient déjà forcément quelque part.

UN SIGNE.

Il faut que je lui envoie un signe. Que je lui lance un signal, un appel à l'aide ou quelque chose qui lui permette de comprendre que j'ai besoin de lui. De toute urgence.

J'avais pensé que j'aurais pu l'aider en allant toute seule raviver ce feu, mais la situation dans laquelle je me trouve ne me laisse pas le choix. C'est lui qui devra me sauver et non l'inverse. Il y va de sa survie et aussi de la mienne.

Lassée de jouer avec moi, ma prédatrice semble pour le moment se tenir à l'écart, préoccupée par d'autres affaires. Mais je me doute bien qu'elle finira tôt ou tard par revenir à la charge. Que ferai-je à l'instant où elle jettera sur moi ses griffes mortelles ? Réussirai-je à me battre jusqu'au bout, ne serait-ce que pour l'honneur ?

Combien de temps me restera-t-il à vivre quand j'aurai tenté de l'affronter ? Une heure ? Deux minutes ? Trente secondes ?

Je dois à tout prix envoyer à mon autre moi un appel au secours. Un appel fort et mémorable, un de ceux qu'on n'oublie pas et qui vous réveille en plein milieu de la nuit. Il faut faire vite car mes forces diminuent. Immobilisée par la poisse dont cette femme-araignée m'a enduit le corps, je ne parviens pas comme je le voudrais à panser mes blessures et le sang continue de couler abondamment.

C'est vraiment éprouvant : se voir partir et ne rien pouvoir faire. Est-ce l'effet des sévices infligés ? Plus je me vide et plus je crois voir une forme jaunâtre s'échapper de mon nombril. Serait-ce mon corps éthérique qui me quitte lui aussi, comme il m'avait quittée une première fois ? Tout à la fois pâle et irisé, je distingue de plus en plus nettement un fil, un long fil ténu émerger de mon ventre et se projeter dans le ciel. Sans doute mon énergie vitale qui part de mon enveloppe terrestre pour se disperser ailleurs dans la nature.

J'aimerais retrouver la joie communicative de mes débuts, ressentir le plaisir que j'avais eu à laisser vagabonder mon esprit dans les airs, les bois, les canyons et les rivières. J'aimerais revivre ces émotions indescriptibles en me fondant dans ce grand tout avec cette impression de ne faire qu'un avec les êtres composant l'univers. J'adorerais expérimenter de nouveau tout cela, mais je n'y arrive pas. Mon sentiment d'échec par rapport à la mission qu'on m'avait demandé de remplir m'empêche d'être réjouie comme je l'avais été.

Je hurle de toutes les forces qui me restent pour me faire entendre… Qui que tu sois, mon cher écrivain, viens, approche, sauve-moi, viens m'aider. J'ai froid toute seule dans cette forêt. Viens à ma rescousse, s'il te plaît. Je ne mérite pas de mourir, pas comme ça…

J'ai si froid…

MAL REFERMÉE, la fenêtre de la chambre, suite à un coup de vent, vint se cogner contre le battant en faisant aussitôt rentrer un air glacial.

Pris de panique, Hector se réveilla en sursaut, le corps trempé, encore choqué par ces visions nocturnes.

C'était quoi, ça ?

Verrouillant la fenêtre du mieux qu'il put, il alla ensuite dans la cuisine boire un verre d'eau et se recoucha en tentant de mettre de l'ordre dans ses idées. Qu'est-ce que son esprit lui avait montré lors de sa dernière nuit ? Lui qui avait si fort espéré du destin un signe d'apaisement, il avait plutôt là la confirmation que les heures qu'il vivait étaient ses dernières…

Que venait-il de voir dans ce cauchemar aussi violent qu'inattendu ?

Une adolescente, lacérée de balafres, agonisant dans la neige et hurlant comme une damnée des mots qu'il ne comprenait pas.

Qu'est-ce que des projections pareilles pouvaient signifier ?

Était-ce une allégorie de son âme qui prenait conscience de sa fin imminente ? Un condensé de ses terreurs les plus profondes provenant de sa vie passée ? Ou bien était-ce plus logiquement le fantôme de sa femme, transformée en jeune fille pour la circonstance, qui lui hurlait de se dépêcher de la rejoindre au plus vite au pays des morts ?

Voulant en avoir le cœur net, il ouvrit son ordinateur en consultant sur Internet quelques sites spécialisés dans le décodage et le langage des rêves. Comme il s'y attendait, plusieurs pages indiquaient que la neige était à associer au symbolisme du blanc et de la glace. Représentant les énergies d'amour qui étaient gelées, elle montrait au rêveur une absence de chaleur… ce que confirmait largement la douleur de son *anima* – sa partie féminine personnifiée en fille – qui était, comme lui, sur le point de mourir[10].

Écœuré par ce qu'il était devenu – un être frigide devenu imperméable aux joies et aux belles choses de la vie –, il ne lui en fallut pas plus pour en déduire que le destin lui avait envoyé les signaux ultimes qui le poussaient à tirer au plus tôt sa révérence.

Il devait mourir.

Il referma son ordinateur d'un claquement sec et alla se chercher dans la cuisine sa fameuse bouteille de whisky fumé. Il descendit ensuite au rez-de-chaussée poser la bâche bleue sur laquelle il irait se fracasser le crâne, puis il se dirigea sans sourciller au dernier étage. Lorsqu'il arriva sur le toit, il put contempler la ville une dernière fois, avec ses bâtiments affrontant crânement le soleil naissant, ce grondement sourd qui venait du trafic automobile… sans compter cette odeur d'essence et de bitume qui agressait les narines à toute heure du jour. Çà et là, des lumières aux fenêtres commençaient à briller des différents immeubles de son quartier. Elles montraient les familles qui se levaient, toutes les belles personnes qui étaient prêtes à repartir à l'assaut d'une nouvelle journée. Sans lui. C'était comme ça.

Il allait mourir et le monde, en toute logique, continuerait de tourner. Qu'avait-il cru ? Qu'on le supplierait de rester ? Qu'on lui déroulerait le tapis rouge ?

Vanitas vanitatum, omnia vanitas. "Vanité des vanités, tout est vanité. »

Ces paroles, tirées de l'Ecclésiaste lui revinrent en tête au moment où il posait ses pieds au bord du vide.

« J'ai considéré tous les ouvrages que mes mains avaient faits ainsi que la peine que j'avais prise à les exécuter. Et voici que je comprends seulement maintenant que tout est vanité et poursuite du vent. »

Comme ses romans, boursouflés d'ego, il n'était lui aussi que vanité. Il était temps que cela cesse.

UNE OMBRE vient m'obscurcir une partie du visage. Est-ce mon écrivain ?

Je l'espère de tout cœur. Je l'espère si fort que je crie à plusieurs reprises pour qu'il puisse se guider par rapport à ma voix.

Je suis là ! Viens ! Je t'attendais depuis si longtemps…

N'entendant aucune réponse de sa part, j'essaye de tourner la tête lorsque la forme de la silhouette que j'aperçois – et qui arrive droit dans ma direction – me douche brutalement de tout espoir de retournement de situation.

Qu'est-ce que j'avais cru ? Qu'il viendrait me secourir, moi, pauvre et misérable petite vaniteuse ?

Ma prédatrice, dont je sentais la présence depuis un moment, est à moins de cinq mètres et elle me fait savoir que les choses sérieuses vont pouvoir commencer.

Mon corps, lui, refuse toujours de bouger. Mes jambes sont bloquées comme si on les avait coulées dans du ciment. Quant à mes bras, ils sont ficelés par les nervures de ce cocon de soie que mon « araignée » a tissé lorsqu'elle tournait en rond, tout à l'heure, autour de moi. Mon écrivain a-t-il été sourd à mes appels ? Est-il devenu hermétique à ma souffrance ? Ou bien l'ai-je découragé par mes larmes et mes trop nombreux cris, tuant dans l'œuf tout sursaut et sentiment de révolte que j'attendais de sa part ?

Faut-il, si j'en ai encore le temps, lui envoyer un autre appel ?

Mais lequel ?

Son monde intérieur, si j'en crois son feu qui est en train de mourir, semble si vide et désolé…

Tentons de réfléchir autrement.

Si ce monde représentant son esprit est à ce point un champ de ruines, peut-être est-ce parce qu'il se sent seul ou abandonné ? À n'en pas douter, ce sentiment d'abandon a dû le contraindre à refermer en lui une bonne part de bonheur qu'il aurait pu donner ou partager. Comme on découragerait d'hypothétiques pilleurs en allant enfermer un trésor dans un coffre-fort à l'aide d'une clé qu'on balancerait ensuite à la mer ou au sommet d'une montagne.

Mon chamane, tout à l'heure, m'a dit que j'étais une création de son inconscient. Une création plus aboutie et plus sensible que la dernière image qu'il s'était faite de sa fille dans ses derniers rêves. Avec un peu de chance, je peux donc tenter de lui envoyer, non pas mes cris et mon désespoir, mais la joie sincère que j'aurais de le rencontrer un jour ? Je peux aussi lui envoyer mes espoirs, mes bonnes ondes et toute la foi que je porte en lui. Lui envoyer mon amour surtout. Lui donner cet amour qu'il n'a pas pu partager en tant que père.

Qui sait ? En lui offrant cela, je libérerai peut-être ce qu'il a essayé de cacher depuis tant d'années. Si je suis en partie une projection de ce qu'aurait pu être sa fille dans son monde à lui, je sais aussi qu'il est mon père dans mon monde à moi. Et un père, en toute logique, se doit de protéger ses enfants. En toutes circonstances.

Cette pensée me donne courage.

Tandis que les filaments jaunes s'échappant de mon ventre continuent de monter au-dessus de ma tête, je prie pour que cette énergie, accompagnée de ces derniers désirs, puisse enfin accéder à lui.

Doucement, je ferme les yeux. La dernière image que je garde de ce monde est le reflet doré qui sort de mon corps pour aller se disperser dans l'infini.

TANDIS QU'IL S'APPRÊTAIT à jeter son premier pied dans le vide, un reflet doré vint se poser sur son visage.

Cette caresse fut pour lui comme un véritable tremblement de terre.

Une secousse sismique intérieure tellement puissante qu'elle l'obligea à reculer jusqu'à un renfoncement au centre du toit. Les rayons du soleil étaient-ils bénéfiques au point de lui ôter aussi radicalement toute envie de mourir ? C'était comme si une partie de son cœur s'était dégelée au contact de cette intense source lumineuse. Son ventre, lui-même, lui sembla chaud. Il pouvait sentir des vibrations électriques parcourir sa colonne vertébrale. Une injection pure d'adrénaline. Tout lui revint en une fraction de seconde.

Le cœur sous la glace, la forêt magique à la lisière d'un village, la petite hutte en torchis, cette jeune fille à l'agonie recouverte de balafres ensanglantées… Cette dernière, des tréfonds de son esprit, lui envoyait un signal de détresse. Il en était certain.

Il devait au plus vite la rejoindre.

Eux

> *« Moi je sais que parfois il vaut mieux rester comme ça à l'intérieur de soi, refermé. Car il suffit d'un regard pour vaciller. Il suffit que quelqu'un tende sa main pour qu'on sente soudain combien on est fragile, vulnérable et que tout s'écroule… »*
>
> Delphine de VIGAN

Il se replongea avec ferveur dans les techniques d'autohypnose et de rêves lucides qu'il avait mises en scène dans de nombreux romans avant sa disgrâce. Grâce à Hélio Cricevot, qui lui donna de précieux conseils au téléphone, il réintégra en quelques heures les meilleurs moyens d'accéder à de très profonds états modifiés de conscience. Étonnamment, il réalisa que ces méthodes n'avaient rien de mystique ou de sulfureux. Dès le Moyen Âge, la scolastique enseignait aux clercs les différentes voies de l'illumination intérieure en harmonisant les « trois yeux de la Connaissance » : l'œil de chair, relié à la réalité physique, l'œil de raison, connecté au cerveau, et l'œil de la contemplation, associé à l'âme et à toutes les perceptions extrasensorielles[11]. Les penseurs les plus éminents s'étaient servis de ces outils pour accéder à des savoirs que leur esprit n'aurait jamais pu trouver dans des conditions normales.

L'inventeur Elias Howe avait par exemple compris où mettre le trou dans l'aiguille d'une machine à coudre en le voyant faire dans un rêve pendant une nuit agitée. De son côté, le chimiste Friedrich August Kekulé avait eu la révélation de la forme de l'anneau de benzène pendant l'une de ses nombreuses visions hypnagogiques. Quant à Albert Einstein, le célèbre physicien, ce fut durant un état hypnotique qu'il s'était vu enfourcher un rayon de lumière à différents endroits de l'espace et du temps, l'amenant ainsi à élaborer sa théorie sur la relativité.

Les artistes, particulièrement les écrivains, n'étaient pas en reste. Le célèbre Robert Louis Stevenson, auteur du fameux *L'Étrange Cas du Dʳ Jekyll et de Mʳ Hyde*, avait pu écrire près de la moitié de *L'Île au trésor*, son œuvre la plus connue, en ayant recours aux personnages de ses rêves qui revenaient chaque nuit le hanter pour poursuivre et clore son récit. *Misery*, l'une des histoires les plus effrayantes de Stephen King, avait vu le jour au moment d'une sieste à bord d'un avion où le romancier rêva d'une femme qui gardait prisonnier un écrivain, avant de finir par le tuer, le dépecer, en nourrir ses cochons et utiliser une partie de sa peau pour relier son roman ! Les exemples de ce type étaient très nombreux et ils n'avaient rien de fou ou de satanique. Les religieux eux-mêmes s'en étaient abondamment servis. Saint Jean de la Croix ne parlait-il pas dans ses écrits du vêtement de l'âme aux trois couleurs ? Le Nouveau Testament, imprégné par cette notion cruciale qu'est l'énergie vitale, n'évoquait-il pas l'Esprit saint comme une substance fluide que l'on insufflait aux gens pour se relier à Dieu et aux affaires célestes ?

Il était donc résolu à franchir le cap. Il irait rejoindre en rêve la jeune fille balafrée pour la secourir et mieux comprendre en quoi elle pourrait aussi l'aider.

Pour mener à bien cette entreprise, il choisit d'utiliser une méthode que lui avait donnée Hélio Cricevot. C'était une très vieille pratique héritée des Indiens iroquois qu'il avait recopiée sur un beau papier en vélin[12].

1) Trouvez un lieu paisible, calme et ressourçant.

2) Choisissez un rêve stimulant et émotionnellement fort.

3) Détendez-vous, évacuez les tensions et prenez le temps de vous reconnecter avec vous-même.

4) Focalisez-vous sur un moment du rêve qui vous pose question et/ou qui fait débat.

5) Clarifiez votre intention sur cette scène en précisant ce que vous souhaitez réellement savoir.

6) Invoquez guidance et protection.

7) Trouvez du « carburant » pour votre voyage.

Lorsqu'il se sentit suffisamment apte à concentrer toute cette somme de connaissances, il tira les rideaux de sa chambre et se mit tranquillement sur son lit en tailleur. Il était là, les jambes repliées, fermant les yeux pour mieux se plonger à l'intérieur de lui-même, et n'écoutant que son cœur pour savoir ce que ce dernier lui murmurait à travers ses battements.

D'abord oppressé par l'enjeu, il laissa écouler quelques minutes avant de fixer ses pensées et retrouver l'énergie qu'il avait ressentie au moment de découvrir cette hutte en torchis. Il suivit ensuite le rythme de sa respiration en se calant sur le balancement de son horloge, pendue au mur. Quelques tensions musculaires perduraient bien encore un peu, mais il parvint sans trop de peine à les dénouer en contractant et en relâchant ses muscles jusqu'à ce qu'il se sente parfaitement à l'aise. Ragaillardi, il rechercha alors la scène qui l'avait le plus marqué lors de ses voyages hypnotiques avec Hélio Cricevot et il choisit naturellement l'image de la forêt – celle au-dessus de laquelle il avait volé un long moment en tant qu'oiseau. Cela avait été si agréable. Il se souvenait encore de chaque impression : l'air pur et glacé qui fouettait son plumage, la sensation de ne faire qu'un avec les éléments, cette émotion unique et grisante de se laisser porter par les courants d'air. Tout était tellement évident dans le ciel… Saurait-il, avec la même clairvoyance, diriger son rêve à venir en se posant les bonnes questions ? Car au fond, que désirait-il savoir ? Qu'avait-il l'intention de faire une fois de retour dans cette forêt ?

La vision de la jeune fille l'appelant à l'aide lui rappela cette évidence : il était là pour la délivrer d'une menace dont il ne connaissait pas la cause, mais il sentait que son intervention changerait la donne, ne serait-ce que le privilège de faire connaissance avec cette autre partie de lui-même représentée en femme.

Il tira profit de cette prise de conscience pour invoquer une protection qui parviendrait à l'épauler pendant son voyage. Il n'était pas croyant mais le caractère exceptionnel de la situation lui fit invoquer les dieux des religions vues plus jeune au catéchisme, ainsi que tous les saints et saintes de son enfance, ceux que sa grand-mère lui avait appris : saint Don Bosco pour les apprentis, saint François de Sales pour les artistes, sainte Thérèse de Lisieux pour le recours à la « petite voix »… Plus largement, il s'en remit aussi à l'amour en invoquant cette force au fond de son cœur, une force qui s'était réveillée au fond de lui, comme un courant d'énergie pulvérisant les peurs du passé et irradiant d'ondes lumineuses les événements futurs.

Il se remplit de cette lumière une poignée de secondes en ne cessant d'appeler cette fille pour lui dire qu'il serait là, qu'il la sauverait, quoi qu'il lui arrive et quoi qu'il en coûte.

Il espérait juste qu'il n'était pas trop tard…

C'EST TROP TARD. Je ferme les yeux et me laisse passivement envahir par le noir. Je n'ai plus la force de crier au secours ou de me protéger en repliant les bras. Je souhaite seulement que le coup de grâce ne soit pas trop long ou inhumain. Mais puis-je espérer recevoir ne serait-ce qu'une once de compassion, de la part d'un monstre qui a décidé de me tourmenter ?

Curieusement, les griffes qu'il pose sur mon visage ne me déchirent pas tout de suite la peau comme je me l'étais imaginé. Elles effleurent mes joues en me faisant comprendre que je suis à sa merci. Sa chose en quelque sorte. Ces mêmes gestes se répètent sur tout le reste de mon corps. Saccadés au départ, ces mouvements finissent par devenir réguliers et de plus en plus rapides. Plus que des morsures, je ressens plutôt des picotements, des espèces de va-et-vient étranges, allant de mes pieds jusqu'à mes épaules. Ils me réchauffent plus qu'ils ne me font mal à vrai dire.

Je suis perdue. Ma prédatrice veut-elle me remettre sur pied pour que je sois consciente des tortures qu'elle m'infligera ? Ou bien change-t-elle de tactique pour endormir ma méfiance et mieux me forcer à ouvrir les yeux ? Les chuintements que j'entends venir d'elle vont bien m'obliger à soulever une paupière ! Ce qui émane de sa bouche semble si doux et velouté…

J'ouvre donc un œil.

Le pantin désarticulé aux pattes griffues a laissé la place à un homme d'âge mûr au regard vif. Il me sourit en répétant mon nom.

– Chloé, c'est toi ?

Je reconnais les traits de mon écrivain ! A-t-il perçu mes nombreux appels à l'aide ? Est-ce vraiment lui ? Je me redresse brièvement en jetant autour de moi un regard inquiet :

– Et la femme-araignée… ?

– La femme-quoi ?

– La femme-araignée… cette chose bizarre qui a essayé de me tuer tout à l'heure…

Il s'agenouille en me faisant face et en fronçant les sourcils :

– Tu dois être encore sous le choc, jeune fille…

– Je vous jure que j'ai vu un truc de ce genre…

– Qu'est-ce que tu racontes ?

– Elle avait un venin, je vous le promets…

– Quel venin ?

Tandis que je piaillais en secouant les bras pour faire valoir mon innocence, je réalise que mon corps parvient très bien à se mouvoir tout seul. Les entailles que j'avais au ventre semblent n'avoir jamais existé et l'air que je respire n'est plus aussi vicié qu'il l'était auparavant. Je reste quand même désarçonnée par un retournement aussi soudain de situation.

– Comment m'avez-vous retrouvée ?

– C'est une longue histoire, jeune fille.

– Et le décor ?

– Eh bien quoi ?

Il regarde, comme moi, tout ce qui nous entoure.

– Il a bougé !

– C'est exact… reconnaît-il en m'adressant un sourire.

Le cadre sombre et nuageux qui m'enveloppait comme une chape de plomb s'est délesté en quelques minutes en un lieu vert et coloré. Quant à la pesanteur qui écrasait les alentours, elle s'est allégée en un rien de temps de tous ces miasmes chargeant l'atmosphère. Sans doute pour faire éclater de nouvelles senteurs que je n'avais pas perçues de prime abord : une odeur d'herbe fraîchement coupée, des effluves lourds et généreux. Je ne peux m'empêcher de m'exclamer :

– Tout à l'heure, il faisait sombre, on ne voyait plus rien à moins d'un mètre… et les arbres de la forêt ne filtraient rien de la lumière du jour !

– Je vais beaucoup mieux depuis un moment, me dit-il simplement en se rapprochant de moi. Il est normal que mon paysage intérieur évolue en fonction de mes nouvelles humeurs…

– Et mes blessures ?

Je lui montre l'ancien emplacement de mes stigmates redevenus invisibles.

– J'ai essayé de te soigner…

– Comment ?

– En te frictionnant les bras et certaines parties du corps quand tu étais encore en train de fermer les yeux.

– Et il suffit de faire cela pour me sauver de la mort ?

Il hoche la tête en esquissant une grimace.

– Dans la réalité, non… mais dans les rêves, oui !

– Alors nous sommes dans votre rêve, c'est bien cela ?

– Je crois bien, oui.

– C'est sûr ?

Il hausse les épaules, comme s'il ne savait plus trop quoi me répondre.

– Cela voudrait donc dire que j'ai réussi ?

– Qu'est-ce que tu as réussi ?

– Que j'ai réussi à vous appeler, réussi à vous faire venir dans ce songe pour que vous veniez me secourir ?

– On dirait bien…

Émue aux larmes, je me jette dans ses bras. Sa peau, tout contre mon corps, me fait du bien. Je sens, plus que je n'entends, son souffle chaud caresser ma nuque. Et si tout ce qui se dégage de sa personne est parfois gauche et maladroit – comme un père inquiet voulant jouer au dur devant ses enfants –, je n'en ressens pas moins de sa part une force, une immense force qui me réchauffe et me libère de toutes les peurs que j'ai endurées jusqu'à présent. Je me trompe peut-être en disant cela mais je crois bien qu'en me serrant contre lui, je lui offre aussi la perspective d'exprimer une autre facette de sa personnalité. Une facette qu'il n'avait jamais eu l'opportunité de vivre : celle d'un homme fort tout à la joie de me protéger et de me rassurer. Comme un père ou un grand frère. Est-ce pour cette raison que nous pleurons, dépassés par l'émotion qui nous submerge ?

– J'ai eu si peur de mourir, si peur de finir comme ça, aussi près du but…

Avec beaucoup de douceur, il se libère de mon étreinte en m'interrogeant tout bas :

– De quel but parles-tu ?

– Eh bien de votre flamme…

– Ma flamme ?

– Oui, de votre flamme intérieure.

Je lui montre le fameux feu, juste devant nous, que j'étais venue raviver avant de rencontrer la femme-araignée. Il le regarde avec une étonnante gravité puis me dit plus bas, sans que je ne sache si ses mots sont pour moi ou pour lui-même :

– Il est encore très faible, ce feu…

– Il est beaucoup mieux qu'il ne l'était il y a quelques heures, vous pouvez me croire…

Un crépitement siffle dans l'air, comme pour nous confirmer ce que je viens de lui dire.

– Il est mieux qu'il y a quelques heures, mais quelle preuve avons-nous qu'il ne viendra pas, après un léger mieux, mourir de nouveau… ?

– Je ne sais pas…

Un nouveau sifflement coupe ma phrase, mais ce bruit étrange, cette fois, s'harmonise mal aux craquements sourds des deux ou trois bûches que nous venons de poser au milieu des cendres. Tout à la foi aigu et métallique, ce drôle de cliquetis ressemblerait presque à une vibration, une onde sonore qu'étoufferait l'air en ne la rendant pas plus audible qu'un écho lointain.

À son écoute, je le vois tout de suite, les traits de mon écrivain se crispent, comme s'il venait d'entendre des grincements de dents venus d'outre-tombe.

– C'est le téléphone, me marmonne-t-il, d'un air piqué.

– Le quoi ?

– Le téléphone… un objet venant de ma réalité et qui va me réveiller dans quelques secondes…

– Quoi ?

– Écoute-moi bien. Dans moins d'une minute, je vais devoir retourner chez moi…

– Chez toi ?

– Dans un nouvel espace-temps, si tu préfères… mon réel à moi. Un monde où les lois physiques ne sont pas les mêmes que celles d'ici.

J'aimerais l'écouter plus attentivement, mais le bourdonnement de ce son inconnu m'empêche de me concentrer aussi pleinement que je le souhaiterais. De quoi parle-t-il donc ?

– Chloé, tu es toujours là ?

– Oui, mais…

– Focalise-toi sur ce que je vais te dire, d'accord ? La femme-araignée dont tu m'as parlé est probablement un symbole de mon passé… une espèce d'empreinte que j'aurais mal vécue et qui m'obsède, comme une vieille idée fixe dont je ne serais pas parvenu à me débarrasser. Le temps que je revienne te voir, le temps – surtout – que je réussisse comme je l'ai fait à te retrouver dans un de mes rêves, il y a de fortes chances que cet être revienne encore une fois à ta rencontre…

– Ne me dites pas que…

– Laisse-moi finir. Le fait que nous ayons tous les deux réussi à nous retrouver, le fait que notre paysage intérieur soit devenu plus beau et plus accueillant…, tout ça me fait dire que cette créature sera beaucoup moins méchante qu'elle ne l'a été la dernière fois que tu l'as vue…

– Ce ne sera pas bien difficile…

– Essaye juste d'entrer en contact avec elle, tu veux bien ? Quelque chose me dit que si tu y parviens, le feu que nous tentons de rallumer redeviendra fort et vigoureux, de façon durable…

Je voudrais de nouveau me jeter dans ses bras. Lui poser plein d'autres questions, lui dire qu'il me manque et qu'il me tarde de le revoir, mais le grésillement de cette machine venant de son monde gagne en volume et je ne parviens pas, avec ma petite voix, à le couvrir.

– J'ai été heureux de faire ta connaissance, Chloé.

Il m'a dit ça comme ça, sans crier gare. Je veux lui dire que pour moi aussi, cette rencontre est forte et déterminante. Qu'elle est le déclic que j'attendais depuis très longtemps pour dissoudre mes angoisses et comprendre enfin cette perte de mémoire que j'ai eue au tout début de mon aventure… Mais il disparaît d'un coup, dans un bruit de draps qui claquent au vent, me laissant seule au milieu d'une clairière.

Derrière moi, j'entends les pleurs d'un nouveau-né.

Je me retourne.

UN BRUIT DE PORTABLE le tira de ses songes. Un bruit strident et métallique imitant les cris d'un bébé en pleurs. À quelle personne de son entourage avait-il donné une pareille sonnerie ? Reprenant ses esprits en se massant le visage, il retrouva vite son destinataire et eut du mal à croire qu'elle l'appelait en cet instant. Coïncidence ?

Il était à la fois heureux et frustré.

Heureux de reprendre aussi rapidement de ses nouvelles et frustré de ne pas consacrer davantage de temps à l'analyse de ce qu'il venait de vivre durant son sommeil. Se souvenait-il de son dernier rêve ? De quoi parlait-il ? Il aurait adoré se donner plus de temps. Écrire des bribes, ou même des mots, pour ne pas oublier ses aventures avec la jeune fille. Mais s'agissait-il réellement d'elle ? Qu'est-ce qui lui disait que son imagination ne lui jouait pas encore une fois un mauvais tour ? Il reporta ses interrogations à plus tard et décida, à regret, de répondre à son appel téléphonique.

– Victoire ! dit-il tout de suite, sans même laisser à son interlocutrice le temps de dire bonjour.

– Hector, quelle énergie ! répondit l'éditrice. Je t'appelais pour avoir des nouvelles en redoutant que tu broies du noir… Mais ça a l'air d'aller très bien !

Heureux de retrouver son amie, il lui raconta tout ce qui s'était passé dans sa vie depuis leur dernière conversation. Il était résolu à ne rien cacher : sa pathétique tentative de suicide, finalement avortée, ses nombreuses recherches sur Internet à propos des rêves en général – et des rêves lucides en particulier –, sans oublier les moyens d'aller à la rencontre de ces personnages entrevus en songe. Ses expériences oniriques avec la jeune fille aussi. Tenait-il là le sujet, le vrai sujet de son prochain roman ? Une manière de renouer avec lui-même en écrivant quelque chose qui lui tenait à cœur ?

Il voulait y croire. Victoire, en tout cas, l'encouragea à se lancer dans le projet sans se poser trop de questions. Qui sait si l'inspiration ne le hisserait pas vers les hauteurs artistiques de ses débuts ? Ces mêmes hauteurs qui l'avaient amenée, à l'époque, à le choisir LUI, parmi tout un tas d'autres manuscrits.

Elle s'en souvenait très bien.

Ses collaborateurs lui avaient présélectionné en deux piles des histoires qui avaient retenu l'attention du comité de lecture – pour la plupart des professeurs de français à la retraite et des étudiants fauchés qui tentaient de joindre les deux bouts à la fin du mois. La pile de droite posée sur son bureau, comme à l'accoutumée, contenait les coups de cœur individuels, les histoires originales, celles qui justement étaient problématiques à la publication car elles prenaient toujours le risque de désarçonner les lecteurs en leur narrant des péripéties qui n'avaient jamais été lues ailleurs, chez eux ou chez les concurrents. Des chroniques tellement barrées, par leur faculté à sortir du cadre, qu'elles risquaient à chaque moment de troubler et de frustrer le public conservateur. Sur la pile de gauche, au contraire, se trouvaient des textes qui avaient plutôt fait l'unanimité : des autobiographies bouleversantes sur des personnages haut en couleur, des documentaires vibrants sur l'actualité qui tiraillait profondément l'opinion publique ou encore des best-sellers assurés, cousus par des artisans hors pair qui avaient l'art de créer la mécanique parfaite pour tenir en haleine jusqu'à la dernière page quiconque s'aventurait à lire les premières lignes d'un premier chapitre.

Victoire avait beaucoup lu ce jour-là, jusqu'à s'abîmer les yeux. Globalement déçue par la cuvée de la semaine, elle s'était emparée sans trop y croire du dernier manuscrit qui figurait sur la pile de droite. Un auteur bizarre au nom obscur – un pseudonyme ou une anagramme ? – l'avait embarquée dans les pérégrinations d'un personnage qu'elle n'avait jamais vu auparavant dans aucun autre livre : le personnage n'était pas un être normalement constitué, de chair et de sang, c'était une idée personnifiée, une magnifique abstraction qui désespérait de s'incarner un jour dans l'esprit de quelqu'un. Quel fascinant concept ! Cela changeait de ces pseudo-héros de papier vus et revus mille fois dans les romans de gare ou à la télévision !

Partant du philosophe Platon qui pensait que nos idées étaient des personnages à part entière, des personnages dotés d'intelligence, choisissant des esprits sur terre qui sauraient les comprendre et les matérialiser dans la vraie vie, le roman qu'elle avait entre les mains racontait les aventures d'une idée qui partait un jour à la recherche d'une personne. Une personne qui saurait concrétiser en ce bas monde le concept révolutionnaire qu'elle était censée représenter.

Cette idée, c'était l'amour…

Elle avait été éblouie par la générosité et l'originalité de cet écrivain. Pas de phrases ampoulées, pas de titres ronflants : juste une histoire et une idée – c'était le cas de le dire ! – qui obligeaient le lecteur à repenser ce qu'il voulait faire de sa vie et ce qu'il était prêt à donner par amour. Sa fille, alors ado, était tombée sur le manuscrit que Victoire avait rapporté chez elle pour le relire et le faire partager à des amis. Et elle avait elle aussi adoré cette histoire. Elle se le rappelait comme si c'était hier. La jeune fille était venue dans le bureau de sa mère et lui avait posé le manuscrit d'Hector sur les genoux en lui confiant qu'elle savait qu'elle serait dorénavant exploratrice : une chercheuse d'idées, comme dans le roman, qui irait traquer aux quatre coins du monde les plus beaux concepts que les médias et caméras, bouffés par le manque de temps, n'avaient plus le temps d'aller chercher.

Elle irait à la rencontre de ces tribus pour comprendre comment une société pouvait fonctionner, loin de nos vieux dogmes occidentaux. Elle tenterait de voir comment des personnes s'épanouiraient dans chacun des modes de vies qu'on lui montrerait au sein de ces zones reculées. Comment, surtout, les gens à qui elle raconterait ce qu'elle verrait pourraient s'inspirer de ces autres modes de pensée pour aller mieux et se sentir heureux. Car la clé était là ! L'amour ne consistait pas tant à vivre éternellement avec quelqu'un que de donner sans compter ce que l'on avait de plus beau à l'intérieur pour aider les gens à se révéler et à sortir de leur morosité.

Où était-elle aujourd'hui ? Devenue une grande fille, elle parcourait le monde, comme elle l'avait tant voulu lorsqu'elle était enfant, allant sans relâche à la rencontre de ces personnes qui ne fonctionnaient pas comme elle, précisément pour inciter les gens à la tolérance et au respect entre les peuples. En conflit avec sa mère, qui avait fait le choix de ne pas publier ses récits de voyages pour éviter qu'on ne l'accuse de favoritisme, la mère et la fille s'étaient brouillées juste avant que cette dernière ne parte en expédition. Depuis quatre mois, elle était sans nouvelles d'elle, s'inquiétant chaque jour davantage de ce qui avait bien pu lui arriver.

– Victoire, tu es toujours là ?

La voix de l'écrivain la fit sortir de ses rêveries.

– Excuse-moi, Hector, oui, je suis toujours là... Je suis contente de ce qui t'arrive. Tu tiens quelque chose de fort, c'est évident. Tu as déjà commencé à écrire ou pas ?

– Pas vraiment, pour tout te dire. Tu es sûre que ça pourrait plaire ?

– J'en suis sûre, crois-moi. Mais pour le moment, l'essentiel n'est pas là...

– Comment ça ?

– N'écris pas quelque chose qui va plaire aux autres, écris quelque chose qui va te plaire... à toi !

La réplique de son amie claqua dans son esprit comme une évidence, rallumant définitivement à l'intérieur une flamme qui venait tout juste de se raviver.

L'ENFANT QUI ME FAIT FACE regarde le feu d'un air inquiet.

Même s'il n'a plus rien à voir avec le bébé squelettique que j'avais entrevu dans une de mes hallucinations, je sais que c'est lui.

Pourquoi ? Dur à expliquer. Ce qui émane de lui sûrement. À moins que ce ne soit son air, son allure ou sa façon de se mouvoir. Était-il déjà là lorsque je discutais avec mon écrivain ?

J'essaye de me rapprocher de lui en lui tendant mes bras, mais il se replie très vite en écarquillant de gros yeux, apeuré à l'idée que je puisse le toucher. Quel âge peut avoir ce beau bébé ? Trois mois ? six mois ? Recouvert d'une tunique blanche, il continue d'observer le feu intérieur de mon écrivain, hypnotisé par ses flammes qui ondulent derrière moi, comme de grosses vagues rouges et écarlates.

– Tu veux que je te porte dans mes bras pour qu'on vienne voir ce feu de plus près ?

Il me jette un regard, aussi rapide qu'un battement de cils, et se replonge en direction du feu, un sourire aux lèvres. Je fais quelques pas très courts sur sa droite, histoire de voir s'il a toujours peur.

Pas de réaction.

Mise en confiance, je m'approche encore et finis par me retrouver à quelques centimètres de l'endroit où il est assis. Il contemple toujours le feu, mais je vois bien qu'il a senti que je m'étais avancée. Ses pupilles lorgnent dans tous les sens et ses ongles fins s'enfoncent dans la terre, comme s'il craignait que je le déracine. M'autorisera-t-il à le prendre dans mes bras ? Je le laisse se familiariser à ma présence et en profite pour le regarder de près. Il est vraiment très beau. Sa peau transparente sent bon le lait et l'amande douce. Rien à voir avec cette peau craquelée et violacée que j'avais vue sur lui dans un précédent cauchemar. Les lambeaux de chair qui se détachaient de ses jambes ont laissé place à un corps ferme et délicat. Quant aux gazouillis qu'il me fredonne, ils me rappellent étrangement une musique. Une musique que j'ai déjà entendue quelque part. Où était-ce donc ?

Malgré ma voix tremblante, je tente de reprendre avec lui l'air qu'il me murmure. Étonnamment, je parviens à tenir au bout d'un temps à l'unisson un semblant de mélodie. Ce n'est pas une composition de premier ordre mais ce babil chanté en commun n'en est pas moins charmant !

Je tire d'ailleurs parti de cette proximité pour le prendre dans mes bras. Par chance, il ne résiste pas. Je le sens agiter en l'air ses petites jambes tout en dodelinant et gloussant de joie. Je me relève en le gardant serré contre ma poitrine et me dirige vers ce feu qui l'intriguait tant.

Nous continuons de chantonner et c'est là, sans que je ne sache trop bien pourquoi, que j'aperçois une médaille, une belle médaille en or, pendue à son cou. Je regarde l'inscription dessus et mon sang ne fait qu'un tour lorsque je lis en lettres gothiques un joli prénom ornementé d'arabesques et de motifs géométriques : **« ELVIRE ».**

POUR ELVIRE.

Pour Elvire et pour Cécile.

Il leur devait bien ça.

Écrire le roman qu'il s'était toujours refusé à faire. Par pudeur, par paresse ou par lâcheté, il ne savait plus très bien.

Se confronter à son passé pour le magnifier. Rendre un hommage digne et solennel aux deux femmes de sa vie, aux deux êtres qui méritaient le plus une explication sur ce qui s'était passé ce terrible soir où tout avait basculé de la plus horrible des manières.

Il se jeta à corps perdu dans l'aventure de l'écriture. Dans la douleur, il apprit à désapprendre, à jeter à la poubelle tous les tics de langage derrière lesquels il s'était réfugié pour éviter de se connecter à ses émotions. Il goûta au plaisir de ne plus formater ses phrases en pensant systématiquement à ses lecteurs mais en agençant ses mots de façon plus personnelle. Sans perdre de vue la joie de partager une histoire avec le plus grand nombre, il réalisa que ce genre d'expérience commençait en osant se regarder dans un miroir, quitte à affronter de vilaines choses au fond de soi.

« Qui regarde dehors rêve. Qui regarde à l'intérieur se réveille », disait Carl Jung, un de ses anciens maîtres à penser qui l'avait tant inspiré par son art de la formule et de la concision.

Jamais il n'avait aussi bien compris le sens de ces mots qu'en écrivant son histoire avec cette jeune fille. Pendant trop longtemps, il s'était projeté dans des ambitions stériles qu'on lui avait imposées. Il avait fantasmé sa vie – ou plutôt ce qui lui restait de vie – en passant le plus clair de son temps à idéaliser des choses qui ne dépendaient pas de lui et à convoiter des projets qui n'étaient pas les siens. En ouvrant son cœur par l'analyse des rêves et en s'immergeant totalement dans cet ultime récit, il courait peut-être droit à la catastrophe. Il risquait même – qui sait ? – de perdre les quelques rares et dernières admiratrices qui lui étaient restées fidèles. Mais il ferait enfin quelque chose qui lui ressemble, et tant pis s'il perdait son prestige.

Reprenant ces instants d'hypnose où il s'était senti libéré de ce genre de contraintes – un dommage collatéral de la célébrité selon son ancien agent –, il s'était remis dans le corps de l'oiseau qui lui avait permis si librement de survoler la forêt de ses songes. Guidé par son souffle, il revécut cette joie immense de planer au-dessus des terres et des eaux, happé par le vent et par la pureté éléments.

Dans cette extase, il lut plus tard que dans une langue amérindienne, le mot « po-ha-wa » signifiant « art » ou « créativité » se traduisait par « eau-vent-souffle ». Pouvait-on imaginer plus beau symbole pour représenter le processus créatif[13] ? C'était comme si ses fonctions d'écrivain, avec ce type d'images où son oiseau intérieur se confondait aux mots pour définir l'art, parvenaient à s'ancrer au fond de lui. Cette façon d'envisager la littérature fut à ce titre une de ses plus grandes révélations. Plus que tout, il aima cette conception de la création. Pour la première fois, il lui semblait qu'elle reliait conjointement le fait d'écrire et le fait de vivre.

Dans les deux cas, il s'agissait d'attraper le courant, de l'inspirer et de l'expirer. L'inspiration ne signifiait-elle pas, littéralement, faire entrer en soi le souffle de l'esprit ?

Pour toutes ces raisons, tout devint clair dans l'organisation de son travail : la façon dont il allait chapitrer et rythmer son récit, les personnages qui habiteraient les différents décors qu'il avait imaginés… sans oublier le point de vue qu'il utiliserait – une focalisation interne pour la jeune fille et une focalisation omnisciente pour l'écrivain. Il eut bien évidemment d'autres tics d'écriture à affronter, notamment sa propension à mettre des adverbes à tout bout de champ, mais il se dit que ces tics-là faisaient aussi partie de sa personnalité. Tant que son travail respectait les besoins de son public, il assuma de ne pas être parfait et de ne pas devenir, comme le disait Marguerite Duras, son « propre flic », une espèce de censeur aigri et jaloux qui scruterait au détour de chaque phrase le moindre faux pas littéraire.

Il savait très bien que son talent – pour peu qu'il en eût – n'était pas de figurer sur les listes pour obtenir des prix. Son talent à lui, c'était de toucher les cœurs. Tous les cœurs. Particulièrement ceux qui ne lisaient pas. Si par bonheur, plusieurs de ses lecteurs se mettaient ensuite à lire Flaubert ou Maupassant après avoir terminé ses romans d'apprentissage, il en serait heureux. Très heureux même. À chacun son métier après tout. Pour lui, le plus important, par rapport à ce que la nature lui avait donné, était d'attiser la curiosité de tous les passants qui croiseraient son livre par mégarde dans la devanture d'une librairie. Ces messieurs Tout-le-monde, la grand-mère esseulée qui avait besoin de compagnie, l'adolescent rebelle qui trouverait dans des mots simples du réconfort ou le suicidaire qui devait trouver une bouée pour ne pas couler et crever bêtement au milieu de l'océan.

Il n'y a pas si longtemps, c'était lui qui était dans cette situation. Qu'est-ce qui l'avait fait si vite changer de bord ? Était-ce la connaissance de cette jeune fille qui habitait au fond de son inconscient ? Un rayon de soleil plus chaud que d'ordinaire ? Ou bien un ras-le-bol généralisé de toutes ces ondes négatives qui l'avaient plombé depuis de longs mois ? Hector opta pour une autre voie en relevant la prise de conscience qu'avait suscitée en lui la magie des mots. « Gardez en l'état dans votre tête toutes les pensées qui y circulent et vous ne parviendrez jamais à en faire quoi que ce soit », disait un de ses professeurs à la faculté. « Capturez ces mêmes pensées en les couchant sur du papier et vous comprendrez tout de suite ce que votre âme a à vous dire. »

C'était comme ça. En osant sortir au bout de sa plume tous les non-dits parasitant l'esprit et desséchant le cœur, l'encre avait les mêmes vertus qu'un filet permettant d'attraper un papillon… Et ce pouvoir, visiblement, se décuplait lorsque la personne qui écrivait se risquait à braver ses peurs, comme celles qu'il essayait de cacher dans les endroits les plus reculés de sa mémoire.

Hector en était là. Il savait que pour raconter de façon intègre ce qui lui était arrivé, il allait devoir prendre son courage à deux mains. Se confronter aux fantômes de son passé. Réussirait-il à évoquer sur le papier ce qu'il n'avait pas réussi à faire dans la vie ? Redonner des contours aux silhouettes, même avec des mots, des deux femmes qu'il avait tant chéries, ne serait-il pas plus douloureux que bénéfique ?

Il invoqua, comme il l'avait fait avant son dernier rêve lucide, tous les dieux et tous les saints.

Guidé par une voix intérieure, il se mit à écrire la phrase qui suit :

« Ce fut comme une apparition… »

CE FUT COMME UNE APPARITION.

Sitôt lu le prénom sur la médaille de l'enfant, je vois une femme, une très belle femme, me regarder. Là encore, je la reconnais tout de suite.

La femme-araignée.

Contre toute attente, ses traits sont doux et étincelants. Aveuglants presque. Rien à voir avec la posture de mon ancienne prédatrice qui souhaitait ma mort dès que j'essayais de me rapprocher du feu intérieur de mon écrivain. Je la trouve resplendissante et je suis quasiment obligée de plisser les yeux pour soutenir sa vue.

Voudrait-elle, à sa manière, me faire savoir quelque chose ? L'aura lumineuse qu'elle m'envoie me paraît si intense que je peux seulement la percevoir comme une invitation à aller la voir et à comprendre qui elle est vraiment. Comme si ce qui se dégageait d'elle était un aimant m'incitant à me fondre dans son corps.

Petit à petit, la clairière au milieu de la forêt dans laquelle je me trouve est remplacée par le haut du toit d'un immeuble, lui-même planté sur une colline surplombant une ville.

Nous sommes un soir d'été : l'air est frais, juste ce qu'il faut, pour sentir les dernières caresses du crépuscule. J'entends aussi des bruits de voitures sur une autoroute lointaine. Ils restent feutrés et plutôt discrets, comme assourdis par la densité des courants d'air saturant l'atmosphère. En lieu et place, j'entends même un autre son. Une mélodie. Celle d'un orchestre jouant à répondre aux facéties d'un piano. Je reconnais tout de suite la mélodie aux faux airs de berceuse que j'avais tenté de fredonner avec l'enfant.

Une pochette posée près de l'appareil diffusant la musique m'indique qu'il s'agit d'un concerto de Mozart, le numéro 27, pour piano et orchestre. Chose étrange, les bras qui tiennent cette pochette ne sont pas les miens ! Je ne reconnais ni mes mains, ni mes doigts… et encore moins la peau qui les recouvre ! Je comprends dès lors que ce que je vois ne relève en rien de ma personne mais de cette femme qui m'a invitée dans son propre corps pour me faire revivre un événement important de son passé.

C'est très étrange.

Je ne parle pas tant du fait d'être le témoin d'une histoire qui n'est pas la mienne que du pouvoir de ressentir à travers l'enveloppe charnelle de quelqu'un d'autre. On dirait que je suis l'invitée d'un spectacle dont je ne pourrais être que spectatrice, n'ayant aucun moyen de l'interrompre ou le changer.

Pour le moment, j'essaye juste de faire cohabiter mes impressions avec celles de cette femme. Dépasser le stade de l'étonnement et de la surprise personnelle afin de mieux saisir ce que mon hôte appréhende. Qu'est-ce que j'arrive à éprouver, là, exactement, à l'intérieur de ce corps ?

Dur à décrire. Je sens un mélange subtil d'émotions diverses : de la peur, de la joie, de l'espoir… mais aussi un grand dégoût. Un dégoût de quoi au juste ? À vrai dire, je n'ai pas encore suffisamment pris possession du corps de ma partenaire, et cette impression, aussi légère que tenace, me semble diffuse.

C'est à ce moment qu'un autre personnage choisit d'intervenir dans mon champ de vision. Je crois le reconnaître, mais je suis obligée de me concentrer davantage pour être bien sûre que ce n'est pas mon imagination qui me joue des tours. C'est mon écrivain ! Il est beaucoup plus jeune que les dernières représentations que j'avais de lui, mais c'est bien lui, avec des cheveux poivre et sel disséminés approximativement sur le haut du crâne, des lunettes rondes cachant des yeux rieurs et expressifs, et un air coquin que je ne lui avais pas connu auparavant.

L'éclat de la jeunesse ?

Il pose la main sur mes cuisses – ou plutôt sur les cuisses de cette femme à l'intérieur de laquelle j'habite – et j'éprouve immédiatement l'onde de chaleur que vit celle qui est en train de m'héberger. Comme une contamination. Sa main me caresse un long moment avant de s'arrêter sur mon ventre, légèrement rebondi.

Impossible de ne pas saisir ce qui se passe.

– Rappelle-moi, c'est pour quand déjà ? lui dit-il en toute insouciance et en continuant de caresser le ventre de ma locataire.

– Dans cinq mois, lui répond-elle.

Je ressens sa joie et son émotion, mais le dégoût que j'avais deviné refait aussi soudain son apparition. Comme un relent fétide que ramènerait un vent mauvais. Que se passe-t-il ? J'essaye d'analyser à froid les nombreux enjeux qui me dépassent, partagée entre mon incompréhension et un bouillonnement de sensations contradictoires. Qu'est-ce que ce ressenti négatif vient faire pendant une annonce aussi joyeuse ? Pourquoi une telle noirceur alors que ces deux-là – visiblement très amoureux – sont sur le point de fêter un bel et heureux événement ?

Devenir parent ne devrait-il pas être une sorte de consécration suprême lorsque deux êtres faits l'un pour l'autre veulent franchir un pas de plus dans leur union ?

Dire le mot « parent », alors que je tente de raisonner, me donne un flash, un court-circuit que je connecte certainement en me reliant à la mémoire de cette personne.

Je vois un homme et une femme. Ses parents à elle, je suppose. Mais ce que je vois d'eux me fait mal au ventre tant ce qu'ils lui ont fait subir lorsqu'elle était petite me révulse et me déchire le cœur. C'est absolument dégoûtant et dégradant. Un enfant peut-il résister à de pareils sévices ? Je lutte comme une désespérée pour ne pas voir ce que cette fille, autrefois, a dû subir durant de longues années… Mais rien à faire. Tout un déferlement d'images, de sons et de sensations vient s'agripper à moi pour mieux m'injecter quelques éclats de honte. Se pourrait-il que le fait de devenir mère embrase à ce point chez elle de vieux souvenirs comme autant de feux mal éteints ? Je sens ma jeune femme emmurée dans ses souvenirs, incapable de sortir de son bloc de haine. J'aimerais lui dire qu'on revient de tout, que le Phénix, comme nous, a pu renaître de ses cendres et qu'il a aussi bâti, sur ses chagrins, de puissants empires et de solides succès.

Hélas…

À mes hurlements répond un profond silence. Ma jeune femme, au fond d'elle, a quelque chose de cassé et le double jeu dont elle use devant mon jeune écrivain m'est encore plus insupportable.

– On fête ça ? Une coupe de champagne ?

Il lui montre une bouteille, près de la table où se trouve l'appareil diffusant la musique du concerto.

– Tu sais bien, Hector, que ce n'est pas possible… Ce ne serait pas bon pour le bébé…

Entendre sa voix à l'intérieur mimer le bonheur est d'autant plus insoutenable que je réalise, maintenant, ce qu'elle a de faux. Comment lui, l'écrivain si doué, jouant de son empathie comme n'importe qui d'autre, ne se rend-il pas compte qu'elle est malheureuse et au bord du gouffre ? Comment ne réalise-t-il pas que sous le vernis et le maquillage se cache, non pas une fille sublime, mais une fille, une toute petite fille qui pleure de rage et d'impuissance ? Je peste de n'être ainsi que spectatrice et de ne pas pouvoir influer sur l'ordre des choses.

– Juste un verre alors ! Il faudra bien qu'elle se laisse griser par les belles choses que lui offrira la vie, notre petite Elvire…

Il la regarde, mettant la main devant sa bouche, comme un enfant qui viendrait de dire une maladresse et qui tenterait, *in extremis*, de se rattraper en bloquant sa voix pour ne pas balancer d'autres grosses bêtises.

– Parce que c'est une fille, n'est-ce pas ? C'est bien une fille, hein ?

– Oui, mon chéri, c'est bien une fille…

– Alors laisse-moi juste descendre deux minutes pour chercher les coupes qui sont en bas, d'accord ? Je ne t'en mettrai que quelques gouttes, c'est promis…

Il se dirige vers la porte du toit, laissée ouverte, et s'apprête à descendre l'escalier lorsque la jeune femme lui lance à la volée :

– Hector ?

– Oui, mon amour ?

– Je t'aime.

Il lui sourit en lui montrant ses belles dents blanches et il descend, non sans lui avoir envoyé, avant de s'engouffrer dans le couloir, un doux et tendre baiser.

Au départ de mon écrivain, je remarque très vite que l'énergie qu'elle avait déployée pour masquer son trouble refait surface, qu'une force obscure – une force plus violente que la joie d'attendre un enfant – ne réussira jamais à totalement combler. Qui est-elle, misérable et pauvre admiratrice, pour imposer à son génial et prolifique écrivain le poids d'une ombre dont elle ne parviendra jamais à se débarrasser ? Qui est-elle pour le ralentir dans sa fulgurante carrière et l'obliger à marquer le pas ? Ne vaudrait-il mieux pas que cette mascarade prenne fin ? Donner à l'homme qu'elle aime et qu'elle admire une chance de s'unir avec une femme, une vraie femme pure et bien dans sa peau, qui n'aura pas, comme elle, cette épée de Damoclès au-dessus de la tête ?

Persuadée par son argumentaire, elle veut faire vite.

Ne pas s'attendrir en imaginant la peine qu'elle pourra causer. Même si sa mort – et celle de l'enfant qu'elle attend – lui créera du tort et du chagrin, son homme saura s'en remettre et repartir du bon pied. Hector a toujours été un gagnant. Un battant à qui la vie n'a jamais rien refusé. Pourquoi cela changerait-il un jour ?

Je la vois alors se lever et s'approcher du bord. Dans sa précipitation, elle fait tomber le tourne-disque, la déformant en un son sourd et guttural, comme si elle avait été étirée au ralenti. Elle regarde aussi en contrebas, mesurant si ce qu'elle vient de penser s'accordera plus ou moins aux exigences de la réalité.

Puis je la sens sauter dans le vide, pressée d'en finir.

Du haut du toit, elle entend toujours le bruit de la musique, triturée et distordue par l'appareil endommagé. Ce sera là une de ses dernières pensées.

Pour ne pas subir trop fortement de l'intérieur l'atrocité du choc lors de l'impact, je parviens à m'extraire de son corps au moment où celui-ci est encore en train de flotter. Je suspends le temps comme je peux en lui murmurant à l'oreille quelques mots doux, espérant que là où elle sera, elle finira par trouver la paix et la sérénité.

Lorsque Hector se presse contre son cadavre en appelant les secours, je me mets tout contre lui en le serrant dans mes bras. Mentalement, je lui envoie mon amour, tentant de rejeter les pensées culpabilisantes qui viennent à lui et en l'aidant aussi à garder foi en l'avenir.

Je veux également lui dire que je serai toujours là. Le lien très fort qui m'unit à lui, surtout après cette expérience que je viens de partager, est dorénavant indestructible. J'en ai la certitude.

EN FAISANT DES RECHERCHES à la bibliothèque pour donner du poids aux idées de ses derniers chapitres, Hector avait lu dans un livre que selon les kahunas hawaïens – hauts chefs spirituels condensant à la fois les fonctions de prêtre et de médecin –, nous serions tous reliés par des cordons nommés *aka*[14]. Longs fils invisibles composés de matière subtile énergétique, ces cordons spéciaux nous rattacheraient à quiconque croiserait un jour notre vie terrestre.

Il ne savait pas si ces fils concernaient les êtres imaginaires, ceux que nous façonnions chaque nuit par l'intensité des rêves, mais il espérait secrètement que c'était le cas. N'avait-il pas fait avec Chloé l'une des plus belles rencontres de toute sa vie ?

Par la magie des mots, il avait réussi à nouer des liens profonds avec une personne qui était issue de son inconscient… une personne qui n'existait même pas !

Grâce à elle, en écrivant ce drame qui avait hanté une partie de sa vie, il lui sembla que ce choc avait été moins dur à traverser. Moins violent. Comme si les mots qu'il avait posés sur son passé avaient agi en balayant plus profondément de vieilles blessures. La douleur était toujours là, mais elle n'était plus aussi intolérable que par le passé.

Voyait-il enfin les résultats de sa détermination à redevenir sincère et authentique ?

Au fond, c'était Lamartine, son poète préféré, qui avait raison : « Tout naît, tout passe, tout arrive au terme ignoré de son sort : à l'océan l'onde plaintive, au vent la feuille fugitive, l'aurore au soir, l'homme à la mort. »

Un jour, malgré ces drames qui l'avaient meurtri, il aimerait de nouveau. Le désir de frissonner le titillerait et l'obligerait à avouer ses sentiments devant une inconnue, comme lorsqu'il était adolescent. L'idée de ne plus vouloir souffrir éternellement recommencerait à faire son chemin. Pas tout de suite, bien sûr, mais quand toute cette histoire serait derrière lui, qui sait ce que le destin lui réserverait ? Lui donnerait-il le plaisir de faire de nouvelles rencontres ? Des expériences toujours plus passionnantes avec Chloé par le biais d'un rêve ou d'une autohypnose ?

Il voulait se convaincre d'une telle opportunité. Car son histoire autour de cette jeune fille était très loin d'être terminée ! De nombreux points liés à son intrigue restaient à éclaircir, comme l'évolution de son feu intérieur dont elle s'était largement occupée. Sans compter ses réactions sur le suicide de Cécile auquel elle avait assisté. Serait-elle choquée ?

Il devait s'assurer qu'il pourrait la revoir. Il le fallait pour son histoire. Sa Chloé de rêve avait encore beaucoup de choses à lui apporter. Il n'en doutait pas. Son récit ne pouvait pas se terminer de la sorte. Cela serait pour ses lecteurs beaucoup trop abrupt et dérangeant. Même pour lui. Ne pas pouvoir dire – au moins une dernière fois – ce que ses rencontres oniriques avaient suscité en son for intérieur, serait un pincement terrible et un signe flagrant d'ingratitude.

Il reprit donc ses fiches techniques, celles-là mêmes qu'il avait écrites sur un beau papier en vélin blanc, et il en sélectionna deux pour se donner toutes les chances de la recroiser. La fiche résumant comment se mettre dans un bon état d'autohypnose lui parut appropriée et pleine de bon sens. Quant à l'autre fiche synthétisant les astuces qui lui permettraient d'accéder à un rêve lucide, il se dit qu'il pourrait la combiner avec la précédente pour se donner plus de marge de manœuvre.

Il les relut une bonne dizaine de fois[15].

Techniques pour vivre un rêve lucide en peu de temps

Avant de vouloir faire des rêves lucides, intéressez-vous aux rêves dits « normaux », ceux que l'on fait chaque nuit et que l'on ne maîtrise pas. Comment procéder ?

Consignez chaque matin votre rêve de la nuit, donnez-lui un titre, précisez la date et parlez-en à votre entourage. Bon à savoir : le simple fait de poser sur votre table de chevet un calepin spécialement prévu à cet effet vous rappellera régulièrement votre envie et votre désir de vous souvenir de vos rêves. Il vous permettra aussi de fixer rapidement à l'écrit ce qui vous vient à l'esprit. Avant de vous lever, ne vous jetez pas trop abruptement dans ce que sera votre réalité du jour, donnez-vous un instant pour laisser vagabonder vos ressentis de la nuit, sans stress et sans jugement.
Une fois cette habitude bien intégrée :

1) **Posez-vous à plusieurs moments de la journée la question : « est-ce un rêve ? » ou bien « est-ce que je rêve ? » Répétez-là dix à vingt fois juste avant de vous endormir, afin de bien préparer votre inconscient. Les futurs rêves dans lesquels vous vous trouverez projetés vous permettront d'être plus conscient de ce qui vous arrive.**

   La répétition consciente de ce type de phrase finira par se distiller dans votre rêve. Le fait de réfléchir à une telle question provoquera à terme une sensibilisation… et un état de rêve lucide pourra tôt ou tard imprégner votre histoire !

2) **En complément, utilisez un stimulus. Juste avant de vous endormir, par exemple, regardez votre main tout en vous répétant à plusieurs reprises : « si je ne vois pas ma main droite dans mon rêve, alors qu'elle est dans mon champ de vision, ce sera le signe que je suis en train de rêver. »**

   En prenant cette habitude dans le monde réel, vous vous préparez psychologiquement à la vivre dans vos mondes nocturnes, pour mieux agir en conscience face aux symboles que vous enverra votre inconscient.

3) **Pour les cauchemars ou autres rêves effrayants, pensez, juste avant de vous endormir, à un scénario qui vous est agréable. Imaginez-vous activement en train d'agir de la manière la plus avantageuse possible, afin que le décor de votre rêve soit planté et que votre subconscient le rejoue en votre faveur.**

4) **Laissez la magie agir et faites-vous agréablement surprendre par les façons originales dont vous interagirez avec cette autre partie de vous-même.**

Utilisez ces techniques et vous aurez acquis, d'ici 4 à 5 semaines, la capacité d'atteindre un état de rêve lucide. Bonne chance à tous !

Comment facilement tomber en autohypnose ?

1) Allez dans un endroit calme en éteignant toutes les lumières, sauf une qui ait l'intensité d'une veilleuse – ou d'une bougie – que vous placerez en élévation par rapport à votre regard droit.

2) Déterminez un objectif sur lequel vous avez envie de travailler. Prenez le temps de le voir et de le considérer sous plusieurs angles afin d'être sûr que ce que vous faites sera le meilleur pour vous et/ou pour votre entourage.

3) Mettez-vous à l'aise dans un fauteuil. Respirez profondément en trouvant progressivement une respiration abdominale et laissez ensuite tranquillement votre esprit vagabonder quelques minutes. Détendez tous les muscles de votre corps en commençant par vos pieds et en allant ensuite progressivement vers la tête.

4) Prenez conscience le plus sereinement possible de toutes les parties de votre corps en respirant profondément, régulièrement et sans contrainte.

5) Prenez une profonde inspiration et maintenez-la pendant quelques secondes en sentant votre pouls en train de battre dans vos oreilles. Expirez et répétez ce même processus trois ou quatre fois en vous assurant que tous vos muscles sont parfaitement détendus.

6) Levez ensuite les yeux afin de bien pouvoir voir la petite veilleuse qui est à votre droite. Fixez la lumière jusqu'à ce que vous vous sentiez paisiblement somnolent.

7) Prenez une profonde respiration abdominale en vous nourrissant des impressions qui seront venues à vous durant votre voyage hypnotique, dites-vous que vous compterez jusqu'à 10 et que vos paupières se fermeront au chiffre dix.

8) « *Un* – *deux* – *trois* – Mes yeux sont lourds – *quatre* – *cinq* – Je suis de plus en plus fatigué – *six* – *sept* – *huit* – Je suis complètement détendu – *neuf* – Mes yeux se ferment doucement – *dix* – Mes yeux sont fermés très profondément »

Dans cet état d'entre-deux, laissez votre esprit flotter en accueillant sans jugement toutes les images, tous les sons et toutes les sensations qui viendront à vous pour vous permettre de trouver des solutions saines et originales sur l'objectif que vous vous êtes fixé lors de l'étape n° 2.

Lorsque ces fiches devinrent une évidence, il se posa en tailleur au milieu de son lit. Revoir Chloé était pour lui une absolue nécessité. Il devait être présent. La remercier de tout ce qu'elle avait fait depuis qu'elle était là.

Cette bouffée d'amour le revigora. Ses traits tirés se décrispèrent et ce qui lui était resté de glace autour du cœur disparut lentement, gagné par cette chaleur venant du ventre et de sa poitrine. Étaient-ce déjà les effets de son induction hypnotique ? Il lui sembla que son feu intérieur se confondait aux rayons de sa veilleuse. Les voiles bleutés que projetait l'appareil se mêlaient aux couleurs qui se créaient sous ses paupières et c'était une drôle d'impression que de ne plus savoir ce qui relevait du réel et de ses émotions personnelles.

Cet état d'entre-deux, loin de le troubler, le rassura. Il lui montrait qu'une partie de lui était sur le point de partir, prête à voyager vers de lointaines contrées. En toute logique, il allait enfin retrouver la forêt. Sa forêt. Celle à l'intérieur de laquelle tout avait commencé.

Il s'y rendit en quelques secondes, porté par les bonnes énergies qu'il venait de nourrir. Il observa rapidement ce qu'il y avait autour de lui, sitôt ses nouveaux sens remis en marche.

Curieusement, il n'y avait personne.

Il entendait des crépitements de flammes qui sifflaient au loin. La clairière devant laquelle il s'était posé sentait bon la terre chaude et le foin coupé... Mais nulle trace de sa Chloé, celle qu'il espérait tant revoir...

Lui était-il arrivé quelque chose ?

JE METS DU TEMPS avant de me remettre de mes émotions.

Lorsque je reviens dans ma réalité, en atterrissant devant la clairière, je me sens encore largement contaminée par les rancœurs de celle chez qui j'ai pu loger. Pour ne pas me corrompre davantage, plutôt que d'attendre inutilement dans un lieu qui m'a révélé une bonne partie de ses mystères, je décide de partir explorer les alentours. Voir plus loin que le cadre étroit où se sont déroulées mes aventures.

Je pourrais avoir peur, mais non. Le feu intérieur que j'ai eu tant de mal à raviver me montre de belles flammes, vives et colorées. J'en serai quitte pour le surveiller. Du moins pour cette fois. Quant aux chemins de traverse s'enfonçant dans la forêt, je les perçois surtout comme des appels à l'aventure. Comme si cette expérience douloureuse partagée avec mon écrivain m'affranchissait de la peur de me lancer dans l'inconnu.

Pourquoi une telle insouciance ?

Avoir « vécu » dans le corps de quelqu'un qui a voulu mettre fin à ses jours me donne une furieuse envie de vivre. Un besoin puissant de sortir de ma zone de confort.

Je me dis aussi que si ce feu flambe si fort, c'est que mon écrivain a retrouvé dans sa vie un souffle, un équilibre suffisamment solide pour recouvrer une certaine stabilité. Qui sait, d'ailleurs, si ce n'est pas le fait d'avoir affronté ensemble ce traumatisme qui nous a aidés à aller de l'avant ? Cela n'aurait rien de fou ou d'illogique. En m'aidant à comprendre qui j'étais, il a dû percevoir en retour que je pouvais l'aider à surmonter les nombreuses épreuves de son existence. Ce lien puissant que j'ai établi me donne encore plus envie de marcher, de m'abandonner dans les profondeurs de son inconscient.

Au début, je ne fais que suivre, un peu au hasard, les chemins balisés qui se découvrent sous mes pieds. Tout à la joie de découvrir, je profite de ces paysages tout neufs pour ouvrir mes sens : le parfum suave d'une pinède, au loin, m'inspire des idées de sieste où je pourrais enfin apprendre à me détendre sans jamais plus culpabiliser. Le gazouillement d'une grive, perchée sur une branche en haut d'un épicéa, m'invite à chanter et à ouvrir mon cœur. Tout me paraît fabuleux. Tout me paraît prétexte à exalter ce que je vois, ce que je ressens ou ce que j'entends. Mes yeux ne se réduisent plus à de simples organes me permettant de capter la lumière, ils deviennent des couleurs posées sur la palette de mon imaginaire.

Je me plais ainsi à refaire briller quelques coins sombres et tortueux. Par petites touches, j'illumine le sol que je foule en me représentant toutes les différentes nuances de vert cachées sous le gel. Avec bienveillance, je remodèle ce décor intérieur en y déposant mes sentiments les plus purs. Là où se réfugiaient l'aigreur, la rancune ou la honte, je mets de l'assurance, de l'optimisme et du pardon. Dans cet étrange processus créatif, je pousse l'audace jusqu'à appliquer les mêmes idées avec mes oreilles et mes autres sens.

Le cri des castors, le gémissement des loups, le brame des rennes se transforment en des sons que seule ma respiration finit par diriger comme un métronome ou un chef d'orchestre. Je ne sais plus, au bout d'un moment, ce qui relève des murmures que j'adresse à la nature et des sonorités intérieures que je crée en me laissant absorber par les bruits de la faune. Ce que je sais, c'est qu'une fausse note vient perturber cette mélodie.

Il me faut du temps pour comprendre que ce n'est pas tout à fait une note. C'est une voix. Une voix grave et désespérée qui hurle mon prénom depuis de longues minutes.

– Chloé !

Je reconnais la voix de mon écrivain. Inquiète qu'il lui soit arrivé un malheur, je reviens en arrière en courant au plus vite.

– Chloé… !

Guidée par ses cris, je finis par le retrouver, le souffle court. Il est près de son feu, les genoux à terre et il halète, comme moi, sans doute à force de s'être à ce point égosillé dans le vide. Lorsqu'il se rend compte que je le regarde, il m'envoie un immense sourire et me presse de le rejoindre pour me serrer dans ses bras.

– Chloé… Je croyais que je t'avais perdue !

Il me dit cela très doucement, comme s'il tentait de retenir ses larmes.

– Tu ne me perdras plus, je suis là.

Est-ce parce que j'ai l'impression de me connecter avec cette autre partie de moi-même ? Avec une âme dont la racine aurait fait bourgeonner une multitude d'autres âmes ? J'éprouve à cet instant un immense amour. Pas un amour physique, non. C'est autre chose. J'éprouve devant cet « autre moi » un amour de plénitude. Un amour si grand qu'il me pousse à crier ma foi en mon prochain.

Face à la violence de ces émotions qui me traversent, j'ai la certitude que j'existe. Tout simplement.

– Notre histoire s'arrête là, tu crois ?

Je hausse les épaules.

– Pourquoi s'arrêterait-elle là ? Elle ne fait que commencer !

– Tu en es sûre ?

– Eh bien oui, pourquoi ?

– Je ne sais pas… Tu es apparue pour la première fois dans mes visions, ensevelie sous la neige, alors que j'étais au plus mal… Maintenant que je me sens prêt à être heureux, j'ai peur de ne plus te revoir…

Je n'avais pas vu les choses sous cet angle-là. Surprise, je m'entends lui répondre :

– Tu me reverras… c'est obligé…

– Et pourquoi donc ?

– Il te reste encore une chose à faire…

– Qu'est-ce qu'il me reste à faire ?

À une bonne cinquantaine de mètres, je lui montre deux taches brunes qui nous épient, cachées derrière des arbres. Comprenant instinctivement qu'il se trame quelque chose, il se retourne pour mieux les voir. Les deux silhouettes se rapprochent de nous, à petits pas. Quand il réalise de qui il s'agit, il me tend le bras pour que je l'épaule, avec des yeux inquiets.

Cécile et Elvire, le fœtus devenu bébé dans le monde de ses songes, se tiennent devant lui, à une dizaine de mètres, attendant sa réaction.

– C'est ma femme et ma fille, me murmure-t-il, les yeux brillants.

– Oui, je sais. Nous nous sommes déjà rencontrées.

Il a vraiment l'air très affecté.

– Qu'est-ce que je dois faire ?

– Dis-leur adieu…

– Mais…

– Hector, de quoi as-tu peur ?

Pour la première fois depuis que nous nous connaissons, je réalise que je l'appelle par son prénom. Je profite de cet élan en poursuivant le fil de ma pensée :

– Tu dois les laisser partir à présent.

– Je ne peux pas…

– Regarde-les. Ce n'est pas toi qui leur dis adieu, c'est elles…

Face à nous, les deux fantômes agitent des mains dans sa direction. Vêtu de blanc, le nourrisson, collé dans les bras de sa mère, lance des éclats de rire. Quant à la jeune femme, elle lui sourit en soutenant son regard.

J'ai la gorge nouée quand j'essaye de lui dire :

– Ces deux-là savent que tu dois refaire ta vie, Hector…

Troublé, il renifle malgré lui en se pinçant le nez.

– Pour continuer à les aimer, tu vas devoir les laisser partir…

Pétrifié, il reste bouche bée.

AU DÉBUT, il ne se passe rien de particulier. Chacun se contente de regarder l'autre en attendant que quelque chose arrive.

Aux traits tendus, marqués de cernes et ravagés de doutes de son « ancienne Cécile », Hector préfère substituer les formes gracieuses de la nouvelle qui le contemple. Il veut comprendre pourquoi elle lui a fait ça. Pourquoi elle s'est jetée dans le vide, au moment même où le bonheur semblait si proche. Il ne veut pas se laisser manger par la haine et par la colère, il souhaite juste savoir. Qu'on lui donne enfin la pièce manquante du puzzle qui restituera cette vérité qui lui échappe.

A-t-il été un si mauvais conjoint ?

Il peut raisonnablement le supposer puisqu'au moment de la période précédant le drame, il n'y en avait eu que pour lui et son travail : entre ses contrats à négocier, son roman à terminer et ses dédicaces à préparer, il n'avait plus su où donner de la tête !

Il réalise maintenant qu'il aurait dû être moins égoïste. Remarquer que sa compagne souffrait d'un mal atroce. Cela aurait-il suffi à l'aider à mieux supporter la vie et à s'accrocher à tout ce qui en valait la peine ?

En temps normal, pour éviter de trop souffrir, il aurait dit non. Il se serait plu à répéter que la responsabilité d'une vie appartient toujours à celui ou celle qui en est le propriétaire… Mais maintenant que Cécile est là, juste devant lui, une vague de honte s'empare de lui. Ces phrases toutes faites laissent place à un autre pan de la réalité qu'il n'avait pas voulu affronter. Car au final, peu importait de rejeter la faute sur cette jeune femme ou sur quelqu'un d'autre. Ce qui comptait c'était de se demander ce qu'il avait fait, lui, pour arranger les choses. Quels avaient été ses gestes, ses mots et ses intentions pour lui faire comprendre qu'elle était unique et qu'elle comptait plus que tout à ses yeux ?

La vraie question était là.

Quels qu'aient pu être les défauts ou nombreuses zones d'ombre de son ancienne compagne, il aurait dû, même modestement, tenter de la sauver. L'arracher aux griffes de son enfer. Cela n'aurait peut-être rien changé à son issue fatale, mais il aurait fait tout ce qui était en son pouvoir pour influer sur le cours des choses.

Accablé de remords, il demande pardon.

Il s'excuse d'avoir été si lâche, de ne pas avoir vu au quotidien ses signes de détresse : joues crevassées sous le maquillage, pleurs inopinés au beau milieu d'un repas au restaurant, repli sur soi à la moindre contrariété. Curieusement, plus il demande pardon et plus il voit les liens qui la rattachent à elle. Au départ rouges et ocre, des filaments subtils au niveau du nombril s'épaississent au fur et à mesure qu'il avoue ses manquements et ses insuffisances. Ils finissent même, après de longues prières, par devenir clairs et argentés lorsque Hector comprend que ses aveux lui donnent en retour des marques de tendresse. Des marques que Cécile ne lui avait jamais données de son vivant. Comme si le fait de se délivrer aussi librement de ses noirceurs l'aidait à comprendre qu'il pouvait franchir un cap. Repartir sur de nouvelles bases en enracinant ce que cette vie lui avait donné de beau et de constructif.

Pensant que le moment propice est venu pour apporter une conclusion, il coupe le fil qui le relie à Cécile d'un mouvement sec. Lui aussi lui pardonne de l'avoir fait souffrir, acceptant l'idée que cette souffrance, un jour, aura un sens dont il possédera la clé.

Lentement, la jeune femme et l'enfant se mélangent au paysage. D'abord distincte et parfaitement découpée au milieu du cadre, la perception qu'il a de ces deux êtres s'éloigne jusqu'à se confondre avec le noir que commencent à projeter les ombres de la nuit naissante.

Harassé par ce qu'il vient d'accomplir, il se pose par terre en se rapprochant du feu pour se réchauffer. Chloé, qui est derrière lui, le prend par la main en lui posant la tête contre son épaule.

Jamais, de toute sa vie, il ne s'est senti aussi serein. L'aura de Chloé, qui s'est endormie, lui procure une sensation de paix et de plénitude. Il ferme les yeux avant de s'assoupir. Bercé par le feu, il finit lui aussi par s'assoupir, libéré d'un poids.

Épilogue

« Zhuangzi rêva une fois qu'il était un papillon, un papillon qui voletait et voltigeait alentour, heureux de lui-même et faisant ce qui lui plaisait. Il ne savait pas qu'il était Zhuangzi. Soudain, il se réveilla, et il se tenait là, un Zhuangzi indiscutable et massif. Mais il ne savait pas s'il était Zhuangzi qui avait rêvé qu'il était un papillon, ou un papillon qui rêvait qu'il était Zhuangzi. Entre Zhuangzi et un papillon, il doit bien exister une différence ! C'est ce qu'on appelle la Transformation des choses. »

– Tchouang-tseu, Zhuangzi, chapitre II,
« Discours sur l'identité des choses »

KEITH JARRETT plutôt que Mozart.

Du jazz en lieu et place de la musique classique. Là où les notes de musique avec Mozart étaient figées, à jamais noircies dans un ensemble complexe qu'il fallait jouer de façon précise pour respecter la volonté du compositeur, je préfère aujourd'hui la liberté d'un jazzman comme Keith Jarrett.

À l'image de sa prestation dans *The Köln Concert.* L'un des plus beaux spectacles musicaux jamais enregistré de tous les temps. Gravé en janvier 1975, en improvisant sur un piano lors d'un récital légendaire donné à l'Opéra de Cologne, le musicien américain avait livré au monde une prestation à couper le souffle. Plus que le concert en lui-même, il avait montré à un public médusé à quel point il était possible de se laisser porter par la musique, sans aucune idée préconçue ou autres idées arrêtées. L'art avec comme seule limite son imagination.

Le symbole est là. En changeant de rituel musical au moment de poser un point final à mon nouveau roman, je me livre également à un changement psychologique en profondeur. Si le jazz, tout en respectant un canevas, peut à chaque note sortir du cadre, tant que cela reste beau et en adéquation avec les valeurs de l'instrumentiste, au nom de quoi ne me donnerais-je pas le droit de sortir du cadre étroit de mes petites certitudes ?

Voir plus loin que ma zone de confort. Quitter mes mécanismes obsolètes pour mieux me surprendre et explorer ce qu'il me reste à découvrir.

Mieux remettre en cause ma réalité aussi.

Car qu'est-ce qui me prouve que je suis plus réel que la Chloé que j'ai rencontrée dans mes nombreuses rêveries ?

Bercé par les notes de piano, je conclus sur cette phrase en me disant qu'elle pourrait encore faire l'objet d'un dernier chapitre.

UN GRAND TROU NOIR. Long et pénible.

Puis soudain, un déclic. Une lumière blanche accompagnée de bruits et de voix. Une drôle d'odeur d'eau de Javel aussi. Un homme, juste au-dessus d'elle, la regardait dès qu'elle soulevait une de ses paupières.

– Mademoiselle Cotivier, Chloé Cotivier ?

Incapable de sortir de sa torpeur, elle se rendormait sitôt qu'elle essayait de se concentrer plus de trois secondes.

Des jours et des nuits passèrent.

Au fil du temps, les bruits qui l'entouraient se firent plus nets. Conversations à voix basse, bips réguliers d'un électroencéphalogramme, roulements de chariots contre le sol. Elle entendait même, certaines fois, ce qui se passait au-delà de sa chambre : légers tintements, tout juste audibles, petits flacons dans les potences, bruits des klaxons qui résonnaient de l'autre côté de sa fenêtre… sans oublier cette musique au piano – Keith Jarrett sans aucun doute – que diffusait un transistor de la chambre voisine…

– Mademoiselle Cotivier ? redisait la même voix dans un anglais approximatif, mademoiselle Cotivier, vous êtes là ?

– Où suis-je ?

– Vous avez fait un long coma, mademoiselle…

Le mot « coma » la fit sursauter.

– Nous vous avons retrouvée perdue au milieu de la taïga il y a plus de trois semaines, entre la vie et la mort…

– Je sors du coma ?

Elle était complètement déboussolée, comme lorsque l'on sort d'un mauvais rêve.

Avait-elle vécu des choses bizarres pendant son sommeil ?

Se poser la question l'aida à faire émerger toute une série d'images. Des flashs, mêlés de sons et de couleurs, remontèrent aussitôt à la surface de son conscient, comme autant de vieux cadavres qu'on aurait délestés de poids superflus. À vrai dire, elle ne savait pas trop si ces messages venus d'ailleurs résultaient de souvenirs intimes qu'elle avait enfouis ou bien s'il s'agissait de réminiscences surgies tout droit de son quotidien à l'hôpital pendant son coma.

Elle avait ainsi en tête, par exemple, un drôle de chamane issu de je ne sais où et un thérapeute… aux nom et prénom bien trop particuliers pour sembler réels. Sans compter cet écrivain intérieur qui au départ voulait mourir. Qui était-il, celui-là ? Était-il la représentation fantasmée d'un père qu'elle n'avait jamais eu ? Ou bien était-il l'allégorie de sa part masculine qui la poussait à concrétiser son rêve : écrire un livre qui relaterait les aventures qu'elle avait vécues en allant explorer les quatre coins de la terre ?

– Où suis-je ? dit-elle enfin.

– À l'hôpital de Krasnoïarsk, vous être tranquille à présent, vous ne risquez plus rien.

Krasnoïarsk.

Cette ville était située dans le sud de la Sibérie occidentale. Malgré les interdictions répétées de sa mère qui trouvait son entreprise trop dangereuse et improvisée, c'était là qu'elle s'était arrêtée il y a plus de deux mois pour mettre en place les derniers préparatifs de son expédition. Contre vents et marées, elle avait voulu s'enfoncer dans les terres boisées qui encerclaient la ville pour partir à la rencontre du peuple nganassane. Fascinée par sa culture, elle avait eu envie de transmettre au reste du monde ce que les vieux sages de cette tribu pouvaient apporter, malgré les dangers climatiques de son excursion. Le froid, dans ces régions, était effectivement vigoureux, pouvant parfois atteindre la barre des – 30 degrés ! Mais cette rudesse, selon elle, n'était rien en comparaison de ce que supportaient les nouvelles générations de cette communauté. Subissant de plein fouet la mondialisation sauvage et le réchauffement climatique, les jeunes Nganassanes, aujourd'hui, préféraient partir en ville gagner de l'argent, au risque de ne plus jamais revoir toute la beauté des paysages de leur région, pourtant berceau du chamanisme.

– Mademoiselle Cotivier, vous m'entendez toujours ?

La voix perçante du médecin qui l'auscultait la fit revenir à la réalité. Son regard était doux mais très insistant. Avec des yeux devant lesquels vous n'avez pas envie de mentir ou de fanfaronner. Des yeux qui lui donnèrent l'impression qu'ils sondaient son âme en à peine quelques secondes.

– Est-ce que je peux appeler ma mère ? tenta-t-elle alors d'articuler, le souffle court.

Le médecin sourcilla en terminant son examen, puis il sortit de sa chambre en marmonnant quelques paroles inintelligibles. Elle avait besoin d'entendre sa voix. Lui demander pardon de l'avoir inquiétée en la laissant sans aucune nouvelle pendant de longs mois. Elle devait lui expliquer son envie de partir pour lui prouver ce dont elle était capable.

Elle n'était pas qu'une belle jeune femme. Elle était aussi une anthropologue prometteuse que ses collègues enviaient pour son audace. Elle qui souhaitait tant que sa mère comprenne ce que réussissaient très bien à voir en elle les gens de la profession, elle tenait à lui dire qu'elle avait ressenti cette nécessité de couper le cordon.

Régler ce problème avec ce père qu'elle n'avait jamais connu. Un père musicien menant la vie de bohème et qui était parti, selon son entourage, il y a plusieurs dizaines d'années en apprenant que sa femme était enceinte. À défaut de l'avoir retrouvé, elle avait rejoint celui de ses rêves en allant se reconnecter à sa partie masculine. Une partie qui lui avait donné envie d'aller explorer plus loin les fascinants pouvoirs de l'écriture. Le moins qu'on puisse dire, c'est qu'elle n'avait rien perdu au change !

Allait-elle donc pour de bon se lancer dans la rédaction de son histoire et révéler ce qu'elle n'avait pas encore osé avouer, maintenant que la mémoire était en train de lui revenir ?

Elle le devinait, de nombreux autres mystères restaient à découvrir et les différents avatars qu'elle abritait dans son esprit avaient largement de quoi la surprendre dans de futurs voyages intérieurs qui apporteraient à leur tour leur lot de surprises et de révélations.

Prête à relever ces nouveaux défis, elle se rendormit aussitôt pour reprendre des forces en se laissant bercer par les notes de musique de Keith Jarrett, qu'elle entendait toujours au loin.

LORSQUE VICTOIRE REFERMA LE MANUSCRIT qu'elle avait entre les mains, elle sut qu'une page était sur le point de se tourner. L'histoire qu'on venait de lui raconter était réellement étourdissante.

Mettrait-elle tout en œuvre pour qu'elle soit publiée le plus tôt possible ?

Bonne ou pas, elle savait qu'elle resterait cependant difficile à étiqueter. Car de quoi s'agissait-il exactement ? D'un conte moderne sur le pouvoir de l'imagination ? D'un roman initiatique narrant les effets prodigieux de l'hypnose ericksonienne et du rêve lucide ? Ou bien s'agissait-il d'une fausse autobiographie, déguisée en fable, pour évoquer en filigrane les thèmes du deuil et du pardon ?

Niveau classification, les personnages n'étaient guère mieux lotis : leurs nom et prénom en forme d'anagrammes (renvoyant systématiquement à ceux de son auteur), l'absence totale de descriptions physiques et la bizarrerie des situations devant lesquelles ils se trouvaient avaient de quoi troubler et interroger.

Avec ces images d'un autre monde, est-ce que cette histoire trouverait sa place dans le cœur des gens ? Ces derniers auraient-ils le degré de foi suffisant pour adhérer pleinement à une intrigue qui faisait la part belle aux choses invisibles et improuvables ?

« Plus l'imagination est forte, moins ses résultats sont imaginaires », se plaisait à rappeler le poète indien Rabindranath Tagore.

Victoire aimait cette citation. D'une certaine manière, c'était un moyen de répondre à la question qu'elle venait de se poser. Si cette aventure qu'elle voulait publier voyait le jour, elle se promit qu'elle la mettrait en évidence dès les premières pages.

Comme un rappel ou une invitation.

« Plus l'imagination est forte, moins ses résultats sont imaginaires... »

Entre la puissance de l'imaginaire et les exigences de notre quotidien, par quel équilibre aider les autres à trouver la voie du bonheur ?

Il s'agissait là d'une sacrée question !

Suivant ce qu'ils retiendraient de ce récit, ce serait à ses lecteurs de décider. À chacun sa façon de procéder, après tout.

Elle se laissa ainsi encore aller à la rêverie quelques minutes en contemplant le beau tableau pendu au mur face à elle.

C'était une gouache de forme rectangulaire où figurait une forêt au fond de laquelle on devinait un espace vert. Dans cet espace, niché dans le recoin d'un rocher, siégeait un feu. Un feu dense et lumineux avec des flammes vives et colorées qui se jetaient dans un ciel immense, gorgé de nuages blancs.

Qu'y avait-il derrière tout ce blanc ?

Au début, rien.

Uniquement du blanc.

Le blanc du papier.

Pas de mots, pas de lettres.

Juste l'imagination de quelqu'un prêt à soulever une partie du voile. Et derrière ce voile… une main.

La main de quelqu'un bien décidé à tourner la page pour vivre enfin son grand voyage. Mais pas n'importe quel voyage. Un voyage de l'esprit.

Un voyage intérieur.

Explications et Remerciements

CHERS LECTEURS,
ici se terminent les aventures d'Hector et de Chloé. J'espère qu'elles vous auront plu.

Vis-à-vis des citations émaillant cette histoire, il me revient de rendre à César ce qui appartient à César. Plusieurs idées imagées par le chamane (avec qui Chloé discute dans la forêt) sont en réalité des discours préexistants que j'ai retranscrits à ma façon pour les besoins de mon récit. Ces expressions ne sont donc pas issues de mon imagination, mais de celles d'auteurs illustres qui ont eu le génie de les formuler bien plus joliment que je ne l'aurais fait. Dans ce chapitre crucial, où Chloé découvre qu'elle pourrait être la projection imaginaire d'un homme qui serait en train de la rêver, la première expression que j'ai empruntée vient de Balzac dans *Le Père Goriot* :

« Sans doute les idées se projettent en raison directe de la force avec laquelle elles se conçoivent, et vont frapper là où le cerveau les envoie, par une loi mathématique comparable à celle qui dirige les bombes au sortir du mortier. »

La seconde est extraite d'un recueil de pensées de Marc-Aurèle :

« Telles seront les pensées que tu nourriras habituellement, tel aussi sera ton esprit ; car l'âme prend la couleur et la teinte des pensées qu'elle entretient. »

Tout ce qui est dit dans cette histoire à propos de l'hypnose ericksonienne et à propos du rêve lucide est… vrai ! Les fiches synthétiques qu'utilise Hector sont de vraies fiches thérapeutiques que j'exploite quotidiennement avec mes patients. Je les offre volontiers à tous les lecteurs qui seraient curieux d'aller voir, comme mon personnage, ce qui peut se tramer dans les univers riches – et parfois étranges – que développe chaque nuit notre inconscient à notre insu. Quoi que vous fassiez, je vous souhaite de belles surprises et de joyeuses découvertes dans le monde des rêves. Vous pourrez aussi approfondir et recouper vos réflexions sur ces domaines dans la bibliographie et la sitographie que je vous propose ci-après.

J'exprime toute ma gratitude à ma femme Virginie pour m'avoir accompagné tous les jours. Son amour, son soutien et son enthousiasme sans faille dans toutes les phases de ce drôle de voyage intérieur ont été pour moi déterminants. Merci, mon cœur ! Juste à ses côtés, j'adresse un grand clin d'œil à Juju la championne et à mon bonhomme slovène… ils se reconnaîtront !

Je remercie ensuite chaleureusement les Editions Jouvence pour m'avoir fait confiance, particulièrement Charlène Guinoiseau-Ferré, Jessica Compois, Jacques Maire, Audrey Bachmann et tout le reste de leur équipe, toujours disponible, professionnelle et bienveillante. Immense reconnaissance envers Virginie Cauchy pour sa magnifique couverture et à Sophie Loria ainsi que Lisa Schneider pour leurs relectures constructives et pleines de bon sens.

Toute ma gratitude va aussi aux formateurs qui ont su m'initier à l'art délicat de l'hypnose, du rêve lucide et de toutes les autres formes de thérapies brèves (Olivier Lockert, Jean-Paul Dumas, Alain Thiry, Axel Bourgais, Olivier Saint-Pierre, Tristan Moir et Éric Bessonne). Une mention particulière à Robert Moss, célèbre onirologue, qui m'a transmis des techniques fantastiques issues du fond des âges, techniques que j'ai tenté de digérer et de personnaliser dans cet ouvrage.

Dans ces hommages, je n'oublie pas Olivier Descosse (et son bel « *Autre* », il comprendra pourquoi !) et Amélie Nothomb (au bon souvenir de notre lointaine correspondance épistolaire).

Une dernière dédicace, enfin, à ma *dream team* (c'est le cas de le dire !) qui m'a permis, de près ou de loin, de perfectionner ce petit monde onirique pendant l'écriture : Frédéric Bobin, Fanny Chanay, Stéphanie Chomienne, Madeleine Cochet, Anne et Adrien Decosse, Cédric Figliolini, François James, Thomas Libé, Valentine Magnée, Patricia Marinelli, Amandine Mathez, Mélanie Paret, Marie Prudhon, Auréa Sans, Loriane Sourd et Delphine Squinabol.

Bibliographie sélective

Si le monde de l'hypnose et du rêve lucide vous intéresse, je vous recommande chaudement la bibliographie suivante :

CASTANEDA Carlos, *L'Art de rêver. Les Quatre Portes de la perception de l'univers*, Pocket, 1996.

ERICKSON Milton, *Traité pratique de l'hypnose*, Grancher, 2006.

FREUD Sigmund, *L'Interprétation du rêve,* Points, 2013.

HARMER Lucy, *L'Astrologie chamanique. Découvrez votre animal totem de naissance*, Jouvence, 2009 (épuisé).

JOSSE Evelyne, *Le Pouvoir des histoires thérapeutiques : L'hypnose ericksonienne dans la guérison des traumatismes psychiques*, Desclée de Brouwer, 2007.

JUNG Carl Gustav, *L'Homme à la découverte de son âme*, Albin Michel, 1987.

JUNG Carl Gustav, *Le Livre rouge*, Les Arènes, 2011.

LOCKERT Olivier, *Métaphores : apprenez à créer des histoires qui guérissent*, IFHE éditions, 2006.

MOIR Tristan, *L'Interprétation psychanalytique des rêves*, Archipel, 2014.

MOIR Tristan, *Nouveau dictionnaire des rêves*, Archipel, 2015.

MOSS Robert, *Les Trois Clés cachées : Rêves, coïncidences et imagination*, Trédaniel, 2010.

MOSS Robert, *Les Portes du rêve – À la découverte des mondes de l'âme*, ADA éditions, 2011.

MOSS Robert, *Le Rêve actif* : *Voyage au-delà des pensées limitantes vers la liberté*, Véga, 2013.

ROSSELET-CAPT Mireille, *Rêves et intuition. Boîte à outils jungienne pour interpréter ses rêves,* Jouvence, 2016.

RUIZ Miguel, *Les Quatre Accords toltèques : La voie de la liberté personnelle*, Jouvence 2018.

VAN CAUWELAERT Didier, *Dictionnaire de l'Impossible*, Plon, 2013.

VAN CAUWELAERT Didier, *Le Nouveau Dictionnaire de l'Impossible : Expliquer l'Incroyable*, Plon, 2015.

SITOGRAPHIE SÉLECTIVE

http://wikireve.fr/

http://tristan-moir.fr/dictionnaire-des-reves/

Notes

Les notes numéro 4, 5 et 6 ont pour vocation de clarifier et d'expliquer le langage hypnotique utilisé par Hélio. À toutes celles et ceux qui souhaitent préserver la magie des mots et ne rien savoir, il est préférable de ne rien lire.

1. Pour en savoir plus à ce sujet, se reporter à l'ouvrage d'Olivier Lockert intitulé *Métaphores : apprenez à créer des histoires qui guérissent*, paru aux éditions IFHE.

2. Il convient, lorsque l'on parle d'hypnose, de ne pas confondre l'hypnose « classique » (celle que l'on voit à la télé ou en spectacle) et l'hypnose dite « ericksonienne » (de Milton Erickson, fondateur de la thérapie brève, que l'on utilise en hypnothérapie). L'hypnose ericksonienne se caractérise par une approche souple, non-dirigiste et indirecte permettant au patient de mieux ouvrir l'accès aux multiples richesses cachées que recouvre son inconscient.

3. Très vieille technique venant du fond des âges, le rêve lucide est un rêve durant lequel le rêveur a conscience d'être en train de rêver. Cet état sera largement popularisé dans les années 1980 par le scientifique Stephen LaBerge qui prouvera de façon incontestable la possibilité de communiquer à l'extérieur en état de rêve par le biais d'un code morse effectué avec les poings. Abondamment repris dans l'univers de la psychothérapie, un rêve lucide permettra par exemple à un patient de partir à la rencontre de certains symboles inconscients (comme des images issues de cauchemar) afin de mieux pouvoir les affronter, voire de les dépasser.

4. « Tu ne peux pas ne pas te dire qu'il n'est pas possible de changer les choses… »

Hélio utilise ici la technique dite de « la double négation » (triple en l'occurrence). L'idée est de « saturer le conscient » du patient : le faire imploser – et par conséquent mieux l'aider à lâcher prise. Entre mille autres petites astuces, ce procédé aidera l'inconscient de la personne à travailler plus facilement avec son conscient. Ce dernier sera d'ailleurs suffisamment troublé pour accepter de collaborer avec l'inconscient, comme le suggère la fin du paragraphe (« car au moment où je te parle, aidé de ton conscient et de ton inconscient, de ton intuition et de ta raison, de tes pulsions et de ta logique, l'oiseau que tu étais il y a quelques minutes, grisé par les courants d'air, magnifiquement perché entre le ciel et la terre… ce bel oiseau va accomplir un nouveau voyage »).

5. « […] le temps qu'il suive ce qui l'aimante, une partie de toi est d'en train d'aller puiser toutes les ressources dont il a besoin pour faire de cette expérience quelque chose d'unique. »

Hélio, lors de son induction hypnotique, utilise ce que les thérapeutes appellent le « Milton Modèle ». De quoi s'agit-il ? Une structure langagière qui invite une personne à explorer sa réalité subjective à travers des termes très flous… mais que celle-ci va interpréter de façon très personnelle. Pour en savoir plus, lire « *Transe-formations : Programmation Neuro-Linguistique et techniques d'hypnose ericksonienne* » de John Grinder et Richard Bandler.

6. Dans le langage hypnotique, il n'est pas rare d'utiliser la technique dite du « saupoudrage » : des mots prononcés un peu plus forts que les autres et qui constitueront, une fois reliés entre eux, une autre phrase dans la phrase. L'idée est que le conscient ne s'aperçoive pas de ces types de messages subliminaux. L'inconscient, lui, sera à même de les entendre, de les accueillir et de mieux accepter le changement à opérer. À l'oral, un hypnothérapeute n'aura qu'à moduler les effets de sa voix pour exploiter ce genre de technique. Dans un livre, on utilisera plutôt un changement de police et de taille de police. À vous, donc, d'être vigilant(e)s si vous vous rendez compte d'un changement de typographie dans les mots qu'emploiera Hélio ! Plusieurs lecteurs m'ont dit que la manière de parler de ce personnage leur avait fait faire de drôles de rêves le soir… Un lecteur averti…

7. Parfois entachées de dérives sectaires, bon nombre d'études sur la précognition (études sur les capacités qu'aurait l'être humain à connaître l'avenir), ont souvent souffert de protocoles fantaisistes, voire inadaptés. Une étude publiée récemment dans la revue *Frontiers in Human Neuroscience* intitulée « *Predicting the unpredictable : critical analysis and practical implications of predictive anticipatory activity* » a tenté d'examiner le plus rigoureusement possible un certain nombre d'expériences sur ce phénomène menées par plusieurs laboratoires différents. Si ces études montrent que le corps humain peut détecter au hasard des stimuli qui se produisent de 1 à 10 secondes à l'avance, elles n'en sont pas encore au point de prouver scientifiquement qu'il est possible d'appréhender le futur par le biais des rêves, des transes ou de la méditation… du moins pour le moment. Pour en savoir plus sur les mécanismes subtils de la pensée (et plus largement de la conscience), lire : *La Physique de la conscience* de Philippe Guillemant.

8. Dans son *Dictionnaire de l'impossible* (Éditions Plon), Didier van Cauwelaert nous parle de ces écrivains étrangement visionnaires. Nommant « syndrome d'Oscar Wilde » tous ces artistes écrivant à l'avance des faits qui allaient se produire dans le monde réel, il propose tout un tas de théories passionnantes sur les pouvoirs prophétiques de l'écriture.

9. Voir note précédente.

10. *Anima* : grand archétype théorisé et modélisé par le psychanalyste Carl Jung, l'*anima*, dans la psychanalyse, est la représentation féminine au sein de l'imaginaire de l'homme, notamment par le biais des rêves.

11. Les trois yeux de la Connaissance : Selon saint Bonaventure, grand docteur de l'Église et philosophe très apprécié des mystiques occidentaux, les hommes et les femmes posséderaient au moins trois moyens d'accéder à la connaissance : l'œil de chair, œil par lequel nous percevons le monde extérieur de l'espace, du temps et des objets ; l'œil de raison, œil par lequel nous acquérons une connaissance de la logique et du mental ; l'œil de contemplation,

dernier œil par lequel nous nous élevons jusqu'à la connaissance des réalités transcendantes, celles qui sont au-dessus de notre petit ego.

12. Techniques héritées de l'onirologue et chamane Robert Moss (cf. Bibliographie), transformées et personnalisées par mes soins.

13. Merci à l'onirologue Robert Moss qui, dans son blog, m'a inspiré cette belle idée.

14. Dans la pensée Ho'oponopono, l'être humain est constitué de quatre éléments :

– Unihipili, ou subconscient, qui stocke les mémoires des expériences passées et les émotions.

– Uhane, ou conscient, qui correspond à la raison et à l'intelligence.

– Aumakua, ou moi supérieur, qui se situe dans une autre dimension tout en restant en contact avec Unihipili et Uhane… par l'intermédiaire d'une énergie invisible (aka).

– Étincelle, soit l'identité de soi et les inspirations.

Pour en savoir plus, lire : Ho'oponopono : Le secret des guérisseurs hawaïens de Luc Bodin et Maria-Elisa Hurtado-Graciet.

15. Un grand merci à Axel Bourgais, un de mes formateurs en PNL (programmation neuro-linguistique), pour m'avoir permis de modéliser et personnaliser de façon constructive ces différentes techniques.

Pour contacter l'auteur :
http://www.cochet-therapeute.com/

Dépôt légal : Juin 2019
Achevé d'imprimer par Nørhaven en mai 2019
Imprimé au Danemark